Felix Huebner

Das KAPAZ-System

Wie Kapazitäten in der Tourismusbranche optimal berechnet werden können

Felix Huebner

DAS KAPAZ-SYSTEM

Wie Kapazitäten in der Tourismusbranche optimal berechnet werden können

ibidem-Verlag
Stuttgart

Bibliografische Information der Deutschen Nationalbibliothek
Die Deutsche Nationalbibliothek verzeichnet diese Publikation in der Deutschen Nationalbibliografie; detaillierte bibliografische Daten sind im Internet über http://dnb.d-nb.de abrufbar.

Bibliographic information published by the Deutsche Nationalbibliothek
Die Deutsche Nationalbibliothek lists this publication in the Deutsche Nationalbibliografie; detailed bibliographic data are available in the Internet at http://dnb.d-nb.de.

Coverabbildung: © Peter Freitag / pixelio.de

Zweite, erweiterte und überarbeitete Auflage

∞

Gedruckt auf alterungsbeständigem, säurefreien Papier
Printed on acid-free paper

ISBN: 978-3-8382-0654-7

Printed in the EU

Inhaltsverzeichnis

Abbildungsverzeichnis

Abkürzungsverzeichnis

CP	Cournotscher Punkt
IATA	International Air Transport Association
NEP	Neuer Economy-Preis
OPD	Differenz zum Optimum
PED	Preis der Economy
PEK	Anzahl der Paxe in der Economy-Class

1. Vorwort

Warum ist dieses Buch entstanden? Braucht es noch ein weiteres Fachbuch über Revenue-Management? Warum sollten sich Studenten, Touristiker und Praktiker der Branche für die Lektüre dieses Buches interessieren?

Die Antwort ist simpel. Dieses Buch präsentiert einen innovativen Ansatz im Yield-Management: Leicht zu verstehen, vom Praktiker für Praktiker, vom Profi zum Profi.

KAPAZ erläutert eine umsatzorientierte Preisberechnung touristischer Kapazitäten, und zwar anhand einfacher mathematischer Formeln unter Berücksichtigung der Marktprämissen – und ohne Verwendung teurer Software. Der Begriff KAPAZ ist abgeleitet vom betriebswirtschaftlichen Begriff Kapazität.

Felix Huebner
Juni 2014

2. Einleitung

Damit Sie die Denkweise und Methodik von KAPAZ besser verstehen können, werden einführend einige mathematische Modelle beschrieben.

Zunächst wird anhand linearer ökonomischer Einführungsverfahren gezeigt, wie die Preisfunktion, die Umsatzfunktion und unter Berücksichtigung der Kostenfunktion die Gewinnstruktur entsteht. Des Weiteren wird das Konzept der Preiselastizitäten erläutert. Anhand dieses Konzepts wird deutlich gezeigt, welche positiven und negativen Auswirkungen dieses Vorhaben auf die Kundenanzahl haben kann, wenn die Preise vom Management erhöht bzw. gesenkt werden.

Im letzten Abschnitt dieses Kapitels wird das Gauß'sche Eliminationsverfahren anhand eines touristischen Beispiels erläutert. Ziel ist es, aufzuzeigen, wie undynamisch die linearen mathematischen Systeme Preise kalkulieren, weshalb sie in der Praxis kaum zu verwenden sind.

Im Gegensatz dazu steht KAPAZ, ein Konzept, das jederzeit dynamisch an die betrieblichen Prozesse angepasst werden kann. Das Einführungsverfahren vermittelt ein allgemeines Grundverständnis zur exakten Ermittlung des Gewinnanteils.

Vorausgesetzt für das Verständnis der Lektüre wird das allgemeine Prozentrechnen. Jede mathematische Rechenoperation wird jedoch einmal exakt vorgerechnet, sodass sie leicht nachzuvollziehen ist.

Das nächste Kapitel ist ein Beitrag zum Teilbereich der Preisgestaltungspolitik, die ein wesentlicher Bestandteil des allgemeinen Revenue Managements ist. Drei verschiedene charakteristische Preisstrategien und ihre Besonderheiten werden vorgestellt. Im operativen Revenue Management etwa kann durch empirisch analysierte und nachfrageorientierte Preise das Markpreispotenzial unter- oder überschätzt werden. Durch die Berücksichtigung verschiedener Marktpreisparameter kann der operative Umsatz deutlich erhöht werden.

(H+P) Revenue and Capacity Optimisation ist ein innovatives Modell im Revenue Management. Es besteht aus zwei Verfahren. Im ersten geht es um das Durchführen einer Kapazitätszuteilung. Im zweiten geht es um die Zuteilung ertragsoptimaler Kapazitäten, sodass ein langfristiges effizientes Revenue-Maximum im Unternehmen erreicht werden kann.

Die folgenden Kapitel beschäftigen sich mit touristisch-betriebswirtschaftlichen Prozessen. Das (H+P) Financial Tourism Model zur Darstellung der optimalen Tilgung einer Reisepreisforderung wird ebenso vorgestellt wie das (H+P) Process Management, das Kosten bzw. Umsatz eines Reiseerstellungs- und Durchführungsprozesses ermittelt.

Das letzte Kapitel dieses Fachbuches beschäftigt sich mit der Berechnung des Break-Even-Points. In der betriebswirtschaftlichen Literatur wird die Gewinnschwelle häufig unter Berücksichtigung der variablen Kosten erklärt. Dabei wird oftmals vergessen, dass besonders Reiseveranstalter keine Trennung der Kosten vornehmen.

Eine eindeutige Zuordnung der betrieblichen Gesamtkosten, die aus Fixkosten, die dauerhaft anfallen, und variablen Kosten, die je nach Kundennachfrage ansteigen, bestehen, kann nicht immer vorgenommen werden.

Die Gemeinsamkeit ist, dass beide Kostenarten, die im betrieblichen Leistungserstellungsprozess entstehen, gedeckt werden müssen. Dies kann geschehen durch die Erfassung der im Betrieb anfallenden Gesamtkosten und die darauffolgende Berechnung eines einzigen gemeinsamen Kostendeckungszuschlags, woraufhin sich die Break-Even-Passagieranzahl, also die notwendige Menge an Passagieren, um die Gewinnzone zu erreichen, ermitteln lässt.

3. Lineare Einführungsverfahren

3.1 Ermittlung der linearen Preisabsatzfunktionen

Die lineare Preisabsatzfunktion dient dazu, den Verlauf eines Preises zwischen zwei Perioden darzustellen.

Folgende Voraussetzungen sind gegeben:

Es gibt keine Rabatte, keine Zahlungsziele und keine Preisdifferenzierung nach soziodemografischen Kriterien. Die Einberechnung kalkulatorischer Zinsen ist nicht berücksichtigt. Die lineare Preisabsatzfunktion geht von einem monopolistisch tätigen Unternehmen aus. Auf dem Markt herrscht keine Konkurrenz.

Dem Yield-Manager eines Reiseveranstalters liegen folgende Daten vor:

Flugreise: Frankfurt/Deutschland – Palma de Mallorca/Spanien

Alter Preis pro Passagier: 300 Euro

Passagieranzahl: 20

Aktueller Preis pro Passagier: 200 Euro

Passagieranzahl: 30

Folgende Abkürzungen bestimmen die Formel:

Alter Preis pro Person = P1	Personenanzahl für P1 = x1
Aktueller Preis pro Person = P2	Personenanzahl für P2 = x2

Formel der Preisabsatzfunktion ist

(P2-P1)/(x2-x1) = (P1-P)/(x1-x)

Berechnung:

$$
\begin{array}{lcll}
(200-300)/(30-20) & = & (300-P)/(20-x) & \\
-10 & = & (300-P)/(20-x) & \mathrm{I}\ *(20-x) \\
-10*(20-x) & = & (300-P) & \\
-200+10x & = & (300-P) & \mathrm{I}\ -300 \\
-500+10x & = & -P & \mathrm{I}\ *(-) \\
500-10x & = & P & \\
\mathbf{500-10x} & \mathbf{=} & \mathbf{P} &
\end{array}
$$

Die Preisabsatzfunktion lautet nun:

Preis = 500-10x

Nun ist man in der Lage, den Preis pro Passagier/Flug zu bestimmen, indem man die gesamte Passagieranzahl für x in die Preisfunktion einsetzt.

$P = 500-10x$

$P = 500-(10*20)$

$P = 200$

Das Ergebnis zeigt, dass jeder Reiseteilnehmer 200 Euro bezahlen muss. Dennoch ist dieses Modell in der Praxis nicht zu verwenden. Ohne die Durchführung verschiedener Sensitivitätsanalysen und Bestimmung der Konsumentenrente ist diese Preisberechnung als Kalkulationsbasis im Airline-Geschäft irrelevant.

Reiseteilnehmer: 35

Durch Einsetzen in die Preisabsatzfunktion P = 500-(10*35) resultieren 150 Euro pro Reiseteilnehmer.

Es bleibt die Frage, ob dies der maximale Preis ist, den der Yield-Manager verlangen kann, um den maximalen Gewinn pro Flug zu erreichen.

Die Berechnung des Gewinns wird nach folgender Formel kalkuliert:

Gewinn = Umsatz-Kosten

Die Preisfunktion wurde im letzten Schritt berechnet.

Der Umsatz errechnet sich nach folgender Formel:

Gesamtumsatz pro Flug = Preis pro Passagier x die Gesamtzahl der Passagiere.

Die Preisfunktion = 500-10x

Multipliziert mit x

Umsatzfunktion = 500x-10x^2

Nachdem die Umsatzfunktion bestimmt worden ist, fehlt nur noch die Kostenfunktion, um den Gewinn errechnen zu können. Die theoretische Überlegung dazu beruht auf dem Zwei-Punkt-Verfahren, das bereits in der Preisfunktion zur Anwendung kam.

Kosten pro Person in der Vorperiode: 26 Euro

Personenanzahl: 20

Aktuell kalkulierte Kosten pro Passagier: 30 Euro

Personenanzahl: 30

Eine Kostendifferenzierung nach variablen und fixen Kosten findet nicht statt.

Folgende Abkürzungen bestimmen die Formel:

Kosten pro Person in der Vorperiode = K1

Personenanzahl für K1 = x1

Aktuelle kalkulierte Kosten pro Person = K2

Personenanzahl für K2 = x2

Formel für die Kostenfunktion ist

$(K2-K1)/(x2-x1) = (K1-K)/(x1-x)$

Berechnung:

(30-26)/(30-20)	=	(26-K)/(20-x)	
4/10	=	(26-K)/(20-x)	I *(20-x)
0,04*(20-x)	=	(26-K)	
8-0,4x	=	(26-K)	I -26
-18-0,4x	=	-K	I *(-)
18+0,4x	=	K	

Die Kostenfunktion lautet nun:

K = 18+0,4x.

Die Gesamtkosten für diesen Flug errechnen sich durch Einsetzen der Passagieranzahl in die Funktion x.

Annahme: Passagieranzahl pro Flug 35

K(35) = 18+(0,4*35)

K(35) = 32 Euro

Das Resultat zeigt, dass für jeden Fluggast 35 Euro an Kosten anfallen.

Die Kosten- und Umsatzfunktion wurde ermittelt. Nun ist es möglich, die Gewinnfunktion zu berechnen.

Gewinn = Umsatz-Kosten

Gewinnfunktion = Umsatzfunktion-(Kostenfunktion)

= 500x-10x^2-(18+0,4x)

Die Airline stellt sich die Frage, ab welcher Anzahl von Passagieren das eingesetzte Flugzeug in die Gewinnzone fliegt.

Der sogenannte Break-Even-Point gibt die Position an, ab wann das eingesetzte Flugzeug weder Gewinn noch Verlust einfliegt.

Dies lässt sich durch das Einsetzen der Passagieranzahl in die Gewinnfunktion berechnen. Es sind mehrere Einsetzungsverfahren notwendig.

Folgende Tabelle zeigt, ab welcher Passagierzahl sich der Mindestgewinn abbilden lässt.

Passagieranzahl	Gewinn
0	-18
1	471,6
5	2230
10	3978
15	5226
20	5974
25	6222
30	5970
35	5218
40	3966
45	2214
49	452,4
50	-38
51	-548,4

Der Break-Even-Gewinn beginnt bei der Passagieranzahl von eins und endet bei 49 Passagieren. Ab einer Anzahl von 50 rutscht die Airline wieder in die Verlustzone.

Folgender Gedankengang beweist die Richtigkeit dieses Ergebnisses.

Gewinnfunktion	=	500x-10x^2-(18+0,4x)	
	=	500x-10x^2-18-0,4x	
	=	499,6x-10x^2-18	I: -10
	=	-49,96x-x^2+1,8	

Verwendung der PQ-Formel

PQ-Formel = (-P/2)+((P/2)+Q))^(1/2)

P = -49,96x Q = 1,8

X1/X2 = (-49,96/2)+((-49,96x/2)+1,8))^(1/2)

X1/X2 = 25+25

X1 = 25+25 = 50

X2 = 25-25 = 0

Das Gegenteil vom Mindestgewinn ist das Gewinnmaximum. In diesem Fall muss der Unternehmer die maximale Gewinn-Passagieranzahl ermitteln. Man nennt diesen Begriff auch den Cournotschen Punkt (CP), also die gewinnmaximale Preismengenkombination einer monopolistisch ökonomischen Tätigkeit.

Zur Berechnung des CP-Punktes muss man die Gewinnfunktion um einen Schritt ableiten. Die Ableitung der Funktion ist deren Steigung.

Gewinnfunktion	=	499,6x-10x^2-18
Abgeleitete Funktion	=	499,6-20x

Nun wird diese Funktion einfach auf null gesetzt

0	=	499,6-20x	I +20x
20x	=	499,6	I: 20
x	=	24,98	

Die maximale Gewinn-Passagieranzahl beträgt 24,98.

Durch Einsetzen in die Gewinnfunktion lässt sich das Gewinnmaximum feststellen.

Gewinn	=	(500x)-(10x^2)-(18+0,4x)
G(24,98)	=	6.222 Euro

Das Ergebnis ist eine ungerade Zahl. Daher muss eine Sensitivitätsanalyse erstellt werden, um herauszufinden, wie hoch der Gewinn bei einer Passagieranzahl von 25 ausfällt.

G(25)	=	6.222 Euro

Somit liegt in diesem Fall keine Änderung vor.

Die Tabelle beweist die Richtigkeit des Ergebnisses.

Passagieranzahl	Gewinn
0	-18
1	471,6
5	2230
10	3978
15	5226
20	5974
<u>25</u>	<u>6222</u>
30	5970
35	5218
40	3966
45	2214
49	452,4
50	-38
51	-548,4

Der gewinnmaximale Preis errechnet sich, indem die ermittelte Passagieranzahl in die Preisfunktion eingesetzt wird.

Preisfunktion = 500-10x

P(25) = 250 Euro

Passagier	Preis in Euro
5	450
10	400
15	350
20	300
<u>25</u>	<u>250</u>
30	200
35	150
40	100
45	50
50	0
55	-50
60	-100

3.2 Berechnung von Preiselastizitäten

Es reicht nicht aus, eine Tabelle aufzustellen, um verschiedene Preiserhöhungen zu testen. Ökonomische Experimente sind in der Praxis nicht realisierbar. Um Klarheit über eine mögliche Preisänderung erhalten zu können, müssen eindeutige Analysemethoden verwendet werden, darunter die der Elastizitäten.

Ein Lösungsvorschlag lautet: Die Berechnung von Preiselastizitäten.

Für die Preiselastizität verwendet man die Preisfunktion = 500-10x und stellt diese nach x um.

1. P	=	500-10x	I –P
2. 0	=	500-10x-P	I+10x
3. 10x	=	500-1P	I:10
4. x	=	500-0,10P	
5. x'	=	-0,10	

Nun muss ausgerechnet werden, wie groß die Folgemenge aussieht. Dies lässt sich herausfinden, indem der Preis pro Passagier in die nach x umgestellte Preisfunktion eingesetzt wird.

Der Preis pro Passagier wird auf 30 Euro gesetzt.

x (30)	=	500-(0,10*30)
(Passagieranzahl) x	=	497

Die Passagieranzahl (Folgemenge) hat sich nun um 497 erhöht.

Die Formel zur Elastizität sieht folgendermaßen aus:

(Preis pro Passagier/Folgemenge)*(x')

(30/497)*-0,10 = -0,00060362173

Die Elastizität ist unelastisch. Folgende Tabelle zeigt die Einordnung.

>	0	Elastisch
Zwischen	1 und 0	Unelastisch
<	-1	Elastisch

Preis pro Passagier: 30 Euro

Maximalpreis: 250 Euro

Preiserhöhung durch die Elastizität: (100-((30*100)/250)) = 88%

Das Ergebnis sagt aus: Wenn die Airline den Preis auf 30 Euro herabsetzt, ergibt sich eine Nachfrageexplosion von plus 88%.

Ergebnis des gesamten Rechenvorgangs:

Der maximale Gewinn beträgt 6.222 Euro bei einem Preis von 250 Euro.

Heutzutage gibt es keine Airline mehr, von solchen, die nur abgelegene Destinationen anfliegen, abgesehen, ohne eine Konkurrenz-Airline. Vielfach sind diese in Kooperation zusammengeschlossen (Star-Alliance oder One-World).

Die Berechnungen berücksichtigen auch keine Engpässe, das heißt, es herrscht keine Kapazitätsrestriktion in den Flugzeugen. Die Preise, mit denen kalkuliert wird, müssen Nettopreise sein. Das heißt, man zieht Rabatt, Kundenzahlungsziele und Delkredere ab.

Die Fluggesellschaft müsste für jeden Flug eine Cournotsche Berechnung vornehmen. Dies bedeutet, dass für verschiedene Märkte Preis-Sensitivitäten durchgeführt werden müssen, und zwar mit dem Ziel, dass ein einziger Preis alle Kundenzielgruppen abdeckt, z. B. Urlaubs- und Geschäftsreisende, die bereit wären, diesen Preis zu bezahlen. Die Bedingung ist, dass der ermittelte einheitliche Preis zum Gewinnmaximum für die Fluggesellschaft führt. Solch ein Vorhaben ist nur möglich mit einer langfristigen empirischen und gesamtwirtschaftlichen Untersuchung, die wiederum mit hohen Kosten verbunden ist.

Fazit

Das Verwenden dieses Modells ist in der Praxis nicht zu empfehlen.

3.3 Berechnung des Gauß'schen Eliminationsverfahren

Ein zweites Verfahren, das zur Ermittlung des optimalen Preises vorgestellt wird, ist das Gauß'sche Eliminationsverfahren.

Ein Yield-Manager bekommt folgende Situation vorgelegt.

Es handelt sich um einen Flug von Frankfurt nach Tokio.

Man geht von einer vollen Auslastung aus.

Dazu folgende Daten:

First-Class: 10 Passagiere Umsatz: 100.000 Euro

Business-Class: 120 Passagiere Umsatz: 100.000 Euro

Economy-Class: 300 Passagiere Umsatz: 200.000 Euro

Die Frage ist nun, welcher Preis kalkuliert werden soll, damit der gewünschte Umsatz pro Passagier erzielt werden kann.

Zur Aufstellung des Gauß'schen Eliminationsverfahrens ist eine Einheitsmatrix notwendig.

1	0	0
0	1	0
0	0	1

First-Class: 10 Passagiere A

Business-Class: 120 Passagiere B

Economy-Class: 300 Passagiere C

Ausgangstableau:

A	0	0
0	**B**	0
0	0	**C**

First-Class	Business-Class	Economy-Class	Umsatz
10	0	0	100.000 Euro
0	120	0	100.000 Euro
0	0	300	200.000 Euro

Nun muss das Pivot-Element markiert werden.

10	0	0	100000
0	120	0	100000
0	0	300	200000

Die 10 ist in diesem Fall das Pivot-Element, da diese Zahl den Buchstaben A auf dem Ausgangstableau hat. Nun werden die gesamte Spalte sowie die Zeile durch das Pivot-Element geteilt.

10	0	0	100000
0	120	0	100000
0	0	300	200000

Beispiel:

Fall 1: 10/10 = 1

Fall 2: 10/0 = 0

Fall 3: 100.000/10 = 10.000

Das Zwischen-Ergebnis-Tableau hat folgendes Aussehen:

1	0	0	10000
0	120	0	100000
0	0	300	200000

Im nächsten Schritt ist die 10 immer noch das Pivot-Element.

Jetzt wird der Gauß'sche Algorithmus eingesetzt.

A	B2	B2	B2
B1	C1	C1	C1
B1	C1	C1	C1

Jede Zahl hat ihren Bezug.

Beispiel:

A = 1

B1 = 0

B2 = 0

Der Gauß'sche Algorithmus setzt sich aus folgender Formel zusammen:

C1 = C1-((B1*B2)/A

Beispiel:

C1 = 120-((0*0)/1)

C1 = 120

1	0	0	10000
0	**120**	0	100000
0	0	300	200000

Der nächste Schritt:

In diesem Fall ist 120 das Pivot-Element. Von diesem Wert ausgehend wird der Gauß'sche Algorithmus berechnet.

Zuvor muss wieder die gesamte Spalte und Zeile durch das Pivot-Element geteilt werden.

1	0	0	10000
0	120	0	100000
0	0	300	200000
1	B2	B2	B2
0	A	C1	C1
0	B1	C1	C1

Und wieder wird nach folgender Formel gerechnet

C1 = C1-((B1*B2)/A)

Das Ergebnis ist

1	0	0	10000
0	1	0	833
0	0	300	200000

Das Ziel ist, die Einheitsmatrix durch den Algorithmus hinüber zu transferieren.

Auch hier muss wieder die gesamte Spalte und Zeile durch das Pivot-Element geteilt werden.

1	0	B2	B1
0	1	A	C1
0	0	B2	C1

C1 = C1-((B1*B2)/A)

First-Class	Business-Class	Economy-Class	Preis
1	0	0	10.000,00 €
0	1	0	833,33 €
0	0	1	666,67 €

Zusammenfassung

Klassen	Passagieranzahl	Preis pro Person	Umsatz
First-Class	10	10.000,00 €	100.000,00 €
Business-Class	120	833,33 €	100.000,00 €
Economy-Class	300	666,67 €	200.000,00 €

Anmerkung: Geforderter Umsatz = ∑(Preis x Passagier)

Beispiel = 10*10.000 Euro = 100.000 Euro.

Das Ergebnis zeigt, dass durch den Gauß'schen Algorithmus der Preis berechnet werden kann, den jeder Kunde in den drei verschiedenen Klassen zu zahlen hat.

Das Gauß'sche Eliminationsverfahren errechnet nur einen einheitlichen Preis pro Transportklasse. Eine Preisdifferenzierung, z. B. zeitlich, räumlich, saisonal und kundenbezogen innerhalb der jeweiligen Transportklassen First, Business, Economy, lässt sich nicht ermitteln. Ohne eine effiziente Preisdifferenzierung nach den oben genannten Kriterien ist es jedoch schwierig für die Fluggesellschaft, sich der ständigen Markt- und Preisdynamik anzupassen.

Generell muss bei diesem Modell der Umsatz pro Klasse ermittelt werden. Dies kann zu einem größeren Aufwand führen, da bei einer Fehlkalkulation der gesamte Flug keinen Gewinn erbringen wird.

4. Das KAPAZ-System

4.1 Anwendungsbeispiel für das KAPAZ-System

Der rechtlich selbständige Reiseveranstalter XV-Travel gründet eine unternehmensinterne Fluggesellschaft, um die Nachfrage nach Pauschalreisen in den Pazifikraum befriedigen zu können.

Der Produktmanager für den Bereich Pazifik fragt den Yield-Management-Abteilungsleiter an, wie das Preismanagement eines einzelnen Fluges aufgestellt werden soll.

Der Druck hinsichtlich des für die kommende Saison zu erzielenden Umsatzes ist von Seiten des Managements enorm. Der Antrag zur Investition einer Ertragsoptimierungssoftware wurde seitens der Geschäftsführung abgelehnt. Die Manager von XV-Travel verlangen einen zu erbringenden Nettoumsatz von 100.000 Euro für einen Flug in den Pazifikraum.

Der Yield-Manager stellt ein neues Konzept zur Berechnung von Flugpreisen pro Einzelflug vor. Berücksichtigt wird dabei, dass die First-Class einen höheren Preis als die Business-Class und ebenso einen höheren Preis als die Economy-Class aufweist.

Das KAPAZ-System muss in mehreren Schritten gelöst werden. Dazu ist folgender Überblick zur Orientierung aufgebaut.

4.2 KAPAZ im Überblick

a. Situationsanalyse

a.1 Einheitlich modellisieren: Eine Strecke für jeweils einen Flug

a.2 Ertragsseite

- Marktpreis ermitteln
- Konkurrenzpreise abgleichen
- Preiselastizitäten der Economy-, Business- und First-Class durchführen.

a.3 Kostenseite

- Ermittlung der Gesamtkosten pro Flug

a.4 Gewinnermittlungsphase

- Berechnung von Gewinn = Umsatz – Kosten
- Berechnung des Gewinnzuschlags

b. Operative Phase

b.1 KAPAZ Unus: Durchschnittspreis ermitteln

b.2 KAPAZ Duo: Zuschläge berechnen

b.3 KAPAZ Trēs: Reduktion des Economy-Preises

b.4 KAPAZ Quattuor: H+P-Formel anwenden

b.5 KAPAZ Quīnque: Abweichungsanalyse – Differenz zwischen Business- und First-Class erhöhen

c. Optimierungsphase (Auslastungsmanagement)

c.1 KAPAZ Unus Optimus: SOLL- und IST-Umsatz ermitteln

c.2. KAPAZ Duo Optimus: Prozentualen Differenzzuschlag be- rechnen und hinzu multiplizieren

4.3 KAPAZ Uno Optimum

Im ersten Fall geht man von der Annahme aus, dass alle Klassen einen Tarif besitzen bzw. dass keine Preisdifferenz innerhalb einer Klasse existiert. Alle Passagiere haben in jeder Klasse den gleichen Preis zu entrichten. Die Kosten werden im Folgenden in einem eigenen Kapitel exakt dargestellt. Diese müssen kleiner sein als der operative Umsatz, da sonst ein Verlust durch den Flug erwirtschaftet wird. Die momentane Kalkulation geht von einer vollen Auslastung aus. Die vorliegenden Preise sind Listenpreise. Das Preissystem bezieht sich nur auf einen Flug, somit wird ein einperiodiges Modell vorgestellt.

Des Weiteren geht das Modell von folgenden Annahmen aus:

Kundenzahlungsziele, Rabatt und Delkredere sind im Gesamtumsatz mitberücksichtigt. Diese Komponenten können bei der Vorkalkulation einbezogen werden.

Die Yield-Management-Abteilung unternimmt eine ausführliche Marktpreisanalyse, um ungefähr einschätzen zu können, wie viel Gesamtumsatz ein Flug erwirtschaften muss.

Berücksichtigungspunkte sind die Preise der Konkurrenz-Airlines.

Weitere Maßnahmen sind die Durchführung von Preiselastizitäten, um annäherungsweise den Prohibitivpreis ermitteln zu können.

Folgende Daten stehen dem Yield-Manager zur Verfügung:

Transport: Boeing 320

Strecke: Frankfurt/Main Flughafen – Alui International Airport

Anzahl der Passagiere in der

Economy-Class	200
Business-Class	100
First-Class	10

Geforderter Umsatz: 100.000 Euro.

Dies entspricht einer Gesamtpassagieranzahl von 310 Passagieren.

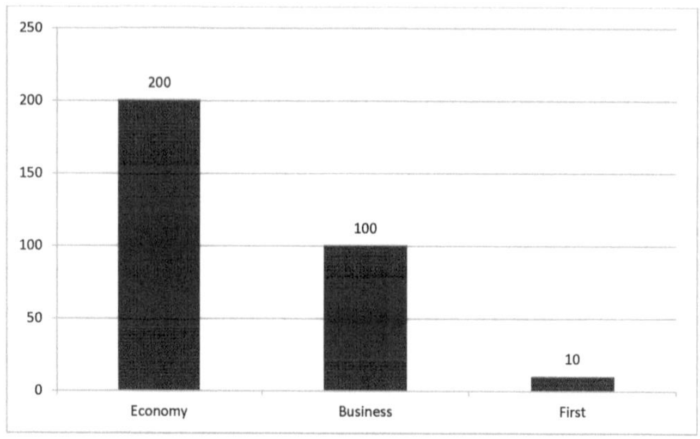

Abbildung 1: Verteilung der Gesamtpassagieranzahl

Als erstes muss das Vorgehen genau definiert werden.

Dabei hilft folgende Aufstellung:

Die Abkürzung x1 steht für Economy-Class, somit steht x2 für Business-Class und x3 für First-Class.

200 x1 + 100 x2 + 10 x3 = 100.000 Euro

Ziel ist es, jeweils einen Wert für das x zu finden, um den geforderten Umsatz zu erreichen.

4.4 KAPAZ Unus: Durchschnittspreis ermitteln

Zunächst ist die Berechnung des Durchschnittspreises notwendig.

Dies geschieht nach folgender Formel:

Gesamtpassagieranzahl dividiert durch den geforderten Umsatz

100.000 Euro/310 Passagiere = 322,58 Euro

Dieser Preis ist der Mindestpreis für die Business- und First-Class.

Die Bedingung ist, dass die First-Class einen höheren Preis vorweisen muss als die Business-Class und diese wiederum einen höheren Preis als die Economy-Class.

Ziel der Rechenoperation ist es, die Mindestpreise der drei Klassen zu ermitteln.

4.5 KAPAZ Duo: Zuschläge berechnen

Anteil der Klassen in Prozent:

Economy-Class	200 Passagiere	64,51 %
Business-Class	100 Passagiere	32,25 %
First-Class	10 Passagiere	3,2 %
Gesamt	310 Passagiere	100 %

Die Regel besagt, dass der Anteil der Economy-Class den Zuschlag für die First-Class darstellt, da die Economy-Class nicht teurer sein darf als die First-Class. Die First-Class ist nach dieser Logik der Zuschlag für die Economy-Class.

Die Business-Class behält den Zuschlag.

Annahme: Der Buchstabe P ist der Prozentsatz. Zur Berechnung des Prozentfaktors muss folgende Operation durchgeführt werden.

$q = (P/100)+1$

P	Q
Economy-Class	1,6451
Business-Class	1,3225
First-Class	1,032

Der Durchschnittspreis beträgt 322,58 Euro. Nun werden die einzelnen Prozentfaktoren mit den Durchschnittspreisen multipliziert.

Economy: 322,58*1,032 = 332,98 Euro

Business: 322,58*1,3225 = 426,63 Euro

First: 322,58*1,6451 = 530,69 Euro

Die errechnete Preistabelle sieht folgendermaßen aus:

Klasse	Passagiere	Preis
Economy-Class	200	332,98 Euro
Business-Class	100	426,63 Euro
First-Class	10	530,69 Euro

Nachdem die Mindestpreise der drei Klassen ermittelt sind, muss überprüft werden, ob das Ergebnis dem geforderten Umsatz entspricht.

Dies geschieht mit folgender Formel:

Geforderter Umsatz = Σ(Preis x Passagier)

Beispiel:

Klasse	Passagiere	Preis	Umsatz
Economy-Class	200	332,98 Euro	66.597,29 Euro

200*332,98 Euro = 66597,29 Euro

Folgende Tabelle zeigt, dass dies nicht eingehalten worden ist:

Klasse	Passagiere	Preis	Umsatz
Economy-Class	200	332,98	66.597,29
Business-Class	100	426,63	42.663,89
First-Class	10	530,69	5.306,97
Gesamt	310	-	**114.568,15**

Nun zum Vergleich:

Geforderter Umsatz: 100.000 Euro

Aktuell ermittelter Umsatz: 114.568,15 Euro

Die Differenz beträgt 14.568,15 Euro und in Prozent 14,56%.

Folgende Berechnung beweist das Ergebnis:

(((114.568,15/100.000)^(1/2))-1)*100 = 14,56%

4.6 KAPAZ Três: Reduktion des Economy-Preises

Nun besagt die Regel, dass der Economy-Preis um 14,56% gesenkt werden muss.

Dies ist ein weiterer Schritt zur exakt geforderten Umsatzzahl.

P = 14,56%

Zur Berechnung wird der Prozentteiler mit der Abkürzung „i" benötigt. Dieser errechnet sich durch i = (P/100). Das Ergebnis dieses Rechenvorganges ist 0,1456.

Der Preis für die Economy beträgt 332,98 Euro. Nach Abzug von 14,56%, durch die Berechnung 332,98*(1-0,1456), beträgt das Ergebnis 284,47 Euro.

Klasse	Passagiere	Preis	Umsatz
Economy-Class	200	<u>284,47 Euro</u>	56.895,29 Euro
Business-Class	100	426,63 Euro	42.663,89 Euro
First-Class	10	530,69 Euro	5.306,97 Euro
Gesamt	310	-	104.886,00 Euro

Anmerkung: Geforderter Umsatz = Σ(Preis x Passagier)

Nun beträgt der neu errechnete Umsatz 104.886 Euro.

Geforderter Umsatz: 100.000 Euro

Prozentuale Differenz: 4,87%

Die Preise sind noch nicht so weit optimiert, um den geforderten Umsatz zu erreichen.

Die Differenz beträgt (104.886,19-100.000) = 4.886,19 Euro

Die Regel besagt, dass die Preise für die Business- und First-Class unverändert bleiben müssen, das heißt, dass keine Preisänderung der beiden Klassen vorgenommen werden darf.

Zur endgültigen Erreichung des geforderten Umsatzes ist folgendes Verfahren notwendig.

4.7 KAPAZ Quattuor: H+P-Formel anwenden

Folgende Annahmen gelten:

Preis der Economy beträgt: 284,47 Euro

Abkürzung: PED

Anzahl der Passagiere in der Economy-Class: 200

Abkürzung: PEK

Die Differenz zum Optimum beträgt 4.886,19 Euro

Abkürzung: OPD

Neuer Economy-Preis

Abkürzung: NEP

Beispiel:

(H+P)-Formel

NEP = PED-((OPD/ PEK))

NEP = 284,47-((4.886,19/200)

NEP = **260**

Klasse	Preise	Umsatz
First-Class	530 Euro	5306 Euro
Business-Class	426 Euro	42663 Euro
Economy-Class	**260 Euro**	52029 Euro
Geforderter Umsatz		**100.000 Euro**

Durch die (H+P)-Formel wird der neue Economy-Preis ermittelt.

Anmerkung: Geforderter Umsatz = ∑(Preis x Passagier)

Das Ergebnis ist der geforderte Umsatz. Der Preis pro Person beträgt in der

Klasse	Preis pro Passagier
First-Class	530,69 Euro
Business-Class	426,63 Euro
Economy-Class	260,14 Euro

Der Gesamtumsatz ergibt **100.000 Euro**.

Die Lösung zeigt, dass ein passender Preis pro Klasse errechnet worden ist, um den erforderten Umsatz zu erzielen.

200 x1 + 100 x2 + 10 x3 = 100.000 Euro

(200*260,14)+(100*426,63)+(10*530,69) = 100.000 Euro

4.8 KAPAZ quīnque: Abweichungsanalysedifferenz zwischen Business-Class und First-Class erhöhen

Das System hat gezeigt, dass es durch das einfache Prozentrechnen möglich ist, Preise optimal zu gestalten – ohne die Verwendung von statistischen Fachkenntnissen. Das System stellt eine ungefähre Zielorientierung dar. Durch das Fordern dieses Preises kann sichergestellt werden, dass der erwünschte Umsatz erreicht wird, der wiederum die treibende Größe für den optimalen Gewinn ist.

Nun kann es vorkommen, dass die Preise für die First- und Business-Class zu nah beieinander liegen, und dies kann wiederum dazu führen, dass die Kunden First-Class buchen, da die Preisdifferenz bei dem Gedanken an den Erhalt eines qualitativ besseren Services während des Fluges keine Rolle spielt. Das Ziel in diesem Rechenabschnitt ist, dass der geforderte Umsatz weder unterschritten noch überschritten werden darf.

Folgende Preistabelle liegt vor:

First-Class	530,69 Euro
Business-Class	426,63 Euro
Differenz	104,70 Euro

Zunächst muss die prozentuale Differenz ermittelt werden.

Berechnung:

(104,06*100)/530,69 = 19,59%

P = 19,59%

q = (P/100)+1 = 1,1959

Dies ist der Zuschlag, der auf den First-Class-Preis aufgeschlagen wird.

530,69*1,1959 = 635 Euro

Je nach Wunsch kann man eine prozentuale Differenzgrenze setzen. Hier wird davon ausgegangen, dass die First-Class mindestens über 40% teurer sein muss als die Business-Class.

Dazu folgende Formel:

((Neuer Preis für First-Class/Business-Class-Preis)-1)*100

((317/ 213,3)-1)*100 = 48,78%

Ein Blick auf die Zahlen liefert folgendes Ergebnis:

Klasse	Preis	Umsatz
First-Class	635	6.347 Euro
Business-Class	426	42.663 Euro
Economy-Class	260	52.029 Euro
Geforderter Umsatz	-	**101.040 Euro**

Die Tabelle zeigt, dass der geforderte Umsatz durch die Korrektur wieder nicht eingehalten wurde und erneut optimiert werden muss.

Die Differenz zum geforderten Umsatz beträgt nach folgender Berechnung: 101.040 Euro-100.000 Euro = 1.040 Euro

Die Regel sagt, dass der Economy-Preis in diesem Fall begünstigt wird.

Nun wird wieder auf die (H+P)-Formel zurückgegriffen.

NEP = PED-((OPD/PEK))

NEP = 260-((1040/200) = 254 Euro

Klasse	Passagier	Preis	Umsatz
First-Class	10	634,75 Euro	6.347 Euro
Business-Class	100	426,63 Euro	42.663 Euro
Economy-Class	200	254,94 Euro	50.988 Euro
			100.000 Euro

Anmerkung: Geforderter Umsatz = Σ(Preis x Passagier)

Die Preisdifferenz zwischen First- und Business-Class ist jetzt größer als zuvor:

634-426= 208 Euro.

Der geforderte Umsatz ist erfüllt. Der erste Flug der XV-Airline verläuft nach Plan.

Doch beim zweiten Flug ist die volle Auslastung nicht gegeben, das belegen folgende Zahlen:

Klassen	Volle Auslastung	Endauslastung
First-Class	10	4
Business-Class	100	90
Economy-Class	200	190
Gesamt	310	284

Es kann vorkommen, dass die Buchungsaufträge schwach ausfallen. Das Yield-Management möchte in diesem Fall das Umsatzniveau halten. Daher wird die Preisdifferenz auf die einzelnen Klassen hinzuberechnet.

4.9 KAPAZ Unus Optimus: SOLL- und IST-Umsatz ermitteln

Bei der Endauslastung entsteht ein Umsatz von:

Auslastung	Preis	Umsatz
4	634,75 Euro	2.539,02 Euro
90	426,63 Euro	38.397,50 Euro
190	254,94 Euro	48.439,12 Euro
		89.375,65 Euro

Der Umsatz geht um 10,62% zurück.

100-((**89.375***100)/100.000) = 10,62%

Somit wird die prozentuale Preisdifferenz auf die bereits ermittelten Preise der einzelnen Klassen aufgeschlagen.

4.10 KAPAZ Duo Optimus: Berechnung des prozentualen Differenzzuschlags und anschließende Multiplikation

Die Berechnung des Zuschlagsatzes (zur Ermittlung der vollen Auslastung) erfolgt nach folgender Formel:

Prozentzuschlag =

(((Geforderter Umsatz/Tatsächlicher Umsatz)^(1/2))-1)*100

(((100.000/89.375,6504)^(1/2))-1)*100

Prozentzuschlag = 11,88%

Geforderter Umsatz: 100.000 Euro

Tatsächlicher Umsatz: 89.375 Euro

Prozentzuschlag = 11,88%

Nun wandelt man den Prozentzuschlag in den Faktor um und multipliziert ihn mit dem alten Preis.

Neuer Preis = Alter Preis*Faktor

634,755463*1,118 = **710,21**

Anmerkung: Geforderter Umsatz = Σ(Preis x Passagier)

Klassen	Alter Preis	Faktor	Neuer Preis
First-Class	634,75 €	1,12	**710,21 €**
Business-Class	426,63 €	1,12	477,35 €
Economy-Class	254,94 €	1,12	285,24 €

Der geforderte Umsatz ist mit der letzten Berechnung erfüllt worden.

Die Überlegung für den Nutzen des Preissystems ist folgende:

Der Kunde zahlt den Preis, der vorgegeben ist. Es spielt keine Rolle, welche Zusatzkomponente, z.B. ein Zahlungsziel, hinzu berechnet werden muss. Das System errechnet den Preis, der gefordert werden muss, um den Zielnettoumsatz zu erreichen.

In dieser Tabelle sind die Klassen prozentual am Gesamtumsatz erfasst.

First-Class	6,3%
Business-Class	42,7%
Economy-Class	51%
Gesamt	100%

Der höchste Umsatz wird in der Economy-Class erwirtschaftet, obwohl dort die niedrigsten Preise kalkuliert worden sind.

Nun sind die Umsatzprozentzahlen dargestellt, wenn die volle Auslastung nicht erreicht ist:

First-Class	2,84%
Business-Class	42,96%
Economy-Class	54,20%
Gesamt	100,00%

Das KAPAZ-System ist ein umsatzorientiertes Verfahren, um die bestmöglichen Preise zu kalkulieren.

Allgemein ist allerdings ein Schritt nicht berücksichtigt worden, der dringend notwendig ist, um bei diesem Flug in die schwarzen Zahlen zu gelangen: Ein gut kalkuliertes Kostenmanagement.

5. Kostenmanagement

Es gibt Situationen, in denen die Kosten größer sind als der zu erwirtschaftende Umsatz. Somit fliegt die Fluggesellschaft in eine Verlustzone. Zur Vermeidung dieser Situation sollte der Umsatz größer sein als die anfallenden Kosten. Der Reiseveranstalter sucht somit ein positives Endergebnis.

Zuvor muss überlegt werden, wie die gewinnmaximale Struktur allgemein aufgebaut ist.

Dazu folgende Überlegung: Gewinn = Umsatz-Kosten

Der Umsatz errechnet sich durch:

Den Preis multipliziert mit der Gesamtanzahl der Passagiere.

Die Kosten bestehen aus zwei Komponenten – variablen Kosten und Fixkosten.

Der Umsatz wurde bereits berechnet. Nun fehlen die Kosten.

Im folgenden Abschnitt wird ein Vorschlag zu einer Kostenkalkulation aufgezeigt.

Der Reiseveranstalter XV-Travel ist nach folgenden Organisationskomponenten aufgestellt.

1. Front-Office
2. Mid-Office
3. Back-Office

1. Das Front-Office

Abteilung Produktmanagement jeweils für

- Single-Reisen
- Badereisen
- Pazifikreisen

Aviation Technik

- Wartung
- Reparatur
- Reserve-Management

2. Das Mid-Office

- Marketing
- Vertrieb
- Public Relations

3. Das Backoffice

- Controlling
- Buchhaltung
- Rechtsberatung
- Einkauf
- Versand
- IATA
- Customer Relations

Die nächste Abbildung gibt die Anzahl der Mitarbeiter jeder Abteilung an.

1. Front-Office	Mitarbeiteranzahl
Abteilung Produktmanagement	
Single-Reisen	15
Badereisen	13
Pazifikreisen	12
Technik	
Wartung	70
Reparatur	50
Reserve-Management	20
2. Mid-Office	
Marketing	5
Vertrieb	3
Public Relations	2
3. Back Office	
Controlling	12
Buchhaltung	4
Rechtsberatung	2
Einkauf	5
Versand	4
Gesamt	217

Wie oben angekündigt, wird in diesem Abschnitt beispielhaft gezeigt, wie ein Reiseveranstalter mit interner Aviation-Abteilung eine Kalkulation aufstellt, um die abhängigen Kosten eines Fluges ermitteln zu können.

Die einfache Aufstellung der einzelnen Abteilungen gibt einen kleinen Überblick über den Reiseveranstalter XV-Travel.

Jede dieser Abteilungen hat Mitarbeiter, welche Personalkosten verursachen. Des Weiteren fallen Kosten für Arbeitsmaterial an.

Das durchschnittliche Bruttogehalt beträgt 3.000 Euro.

Nun werden die Kosten pro Mitarbeiter in einer Tabelle gezeigt.

Produktmanagement	120.000 €
Wartung	210.000 €
Reparatur	150.000 €
Reserve-Management	60.000 €
Marketing	15.000 €
Vertrieb	9.000 €
Public Relations	6.000 €
Controlling	36.000 €
Buchhaltung	12.000 €
Rechtsberatung	6.000 €
Einkauf	15.000 €
Versand	12.000 €

Das Ziel ist es, die Kosten prozentual zu erfassen und auf den erforderlichen Umsatz aufzuschlagen.

Durchschnittliches Bruttogehalt pro Mitarbeiter	3.000 €

1. Front-Office	
Produktmanagement	120.000 €

Gesamt	120.000 €

Wartung	210.000 €
Reparatur	150.000 €
Reserve-Management	60.000 €

Gesamt	420.000 €

Zuschlag in %	29
Zuschlagsbetrag	540.000 €

2. Mid-Office	
Marketing	15.000 €
Vertrieb	9.000 €
Public Relations	6.000 €

Gesamt	30.000 €

Zuschlag in %	25
Zuschlagsbetrag	37.500 €

3. Back-Office	
Controlling	36.000 €
Buchhaltung	12.000 €
Rechtsberatung	6.000 €
Einkauf	15.000 €
Versand	12.000 €

Gesamt	81.000 €

Zuschlag	68
Zuschlagsbetrag	135.675 €

Gesamtkosten	651.000 €

Die Tabelle zeigt die Kosten der Zuschlagskalkulation an, die auf jeden Fall, jeweils nach ihrem prozentualen Anteil, berücksichtigt werden müssen.

Ein weiterer Blick auf die Grafik liefert einen Eindruck davon, wie sich die mengenmäßige Verteilung der zu berücksichtigenden Kosten darstellt.

Der Reiseveranstalter XV-Travel hat jährliche Betriebskosten von bis zu 651.000 Euro. Nach Berechnung der prozentualen Zuschläge lässt sich ein Betrag von 675.675 Euro ermitteln. Dies ist eine Differenz von 4%, welche dem gesamten Jahreskostenzuschlag entspricht.

Die Flugzeuge des Reiseveranstalters fliegen insgesamt 360 Mal im Jahr eine festgelegte Route.

360/12 = 30

30/30 = 1

Das heißt, die Route wird genau einmal am Tag geflogen.

Somit müssen die Betriebskosten durch die Anzahl der Flüge dividiert werden, um den Zuschlag eines einzelnen Fluges ermitteln zu können.

675.675 Euro/360 = 1.875,87 Euro

Nun ist es möglich, den Zuschlag pro Flug zu berechnen.

Gesamtkosten pro Flug	1.875,87 €
Geforderter Umsatz pro Flug	100.000 €
Zuschlag in Prozent	1,875%
Kostenzuschlagssatz	1,0875

100.000 = 100%

1.875,87 = x

x = (1875,87*100)/100.000

x = 1,875%

Die Kalkulation der Kosten hat ergeben, dass etwa 1,875 Prozent pro Flug hinzugerechnet werden müssen, um auf das Jahr gerechnet alle Kosten zu decken.

100.000*1,0875 = 108.750 Euro

Dieser Schritt hat die Ermittlung des Nettogewinns gezeigt. Aus betriebswirtschaftlicher Sicht sollte man eine Kostenkalkulation primär aufstellen, um zu überprüfen, ob sich ein Gewinn erwirtschaften lässt. Dies trifft im dargelegten Beispiel nicht zu.

Das Beispiel hat gezeigt, dass das KAPAZ-System eine umsatzgerichtete Kalkulation erfordert, um einen Flug in die Gewinnzone fliegen zu lassen.

Umsatz muss aber nicht gewinnorientiert sein. Sicherheitshalber sollte man den Kostenzuschlag ermitteln und diesen zu dem geforderten Umsatz multiplizieren.

Somit wurde das Kriterium gewechselt, d.h. der Umsatz entspricht dem Gewinn.

Beispiel:

Geforderter Umsatz	**100.000 Euro**
Kosten	40.000 Euro
Kostenzuschlagssatz	1,40

Um den erforderlichen Gewinn erwirtschaften zu können, muss nun der Kostenzuschlagssatz verwendet werden.

100.000 *1,40 = 140.000 Euro

Gewinn = Umsatz-Kosten

100.000 = 140.000 Euro-40.000 Euro

Nun ist der erste Fall beendet. Hier wurde davon ausgegangen, dass es nur eine Preisdifferenzierung innerhalb einer Klasse, zum Beispiel nach Personengruppen (Erwachsene und Kinder), gibt.

Die Realität sieht anders aus. Das zweite Kapitel beschäftigt sich mit der Frage, wie ein praxisnahes Lösungskonzept aussehen kann, wenn gleichzeitig mehrere Tarife in jeder Buchungsklasse existieren.

6. KAPAZ Duo Optimum

Überblick

a. Situationsanalyse

a.1 Einheitlich modellisieren: Eine Strecke für jeweils einen Flug

a.2 Ertragsseite

- Marktpreis ermitteln
- Konkurrenzpreise abgleichen
- Preiselastizitäten der Economy-, Business- und First-Class durchführen.

a.3 Kostenseite

- Ermittlung der Gesamtkosten pro Flug

a.4 Gewinnermittlungsphase

- Berechnung von Gewinn = Umsatz-Kosten
- Berechnung des Gewinnzuschlags

b. Operative Phase

b.1 KAPAZ Duo Unus: Ermittlung des prozentualen Passagieranteils pro Tarif

b.2 KAPAZ Duo Duo: Zuschläge berechnen

b.3 KAPAZ Duo Trēs: Ermittlung der Durchschnittspreise

b.4 KAPAZ Duo Quattuor: Verwendung der (H+P) Dividing-Rule for Business & Economy

b.5 KAPAZ Duo Quīnque: (H+P) Dividing Rule for First-Class

c. Optimierungsphase (Auslastungsmanagement)

c.1 KAPAZ Duo Unus Optimus: SOLL- und IST-Umsatz ermitteln

c.2 KAPAZ Duo Duo Optimus: Ermittlung des prozentualen Differenzzuschlages auf die First-Class Preise und anschließende Multiplikation

---

Die Berechnungen des KAPAZ Uno Optimum haben gezeigt, dass es möglich ist, unter den allgemeinen Preisbedingungen den geforderten Umsatz ohne größeren mathematischen Aufwand zu ermitteln.

Nun kommt eine weitere Bedingung dazu. Jede Klasse hat jeweils unterschiedliche Tarife, bei denen der Preis zu bestimmen ist, mit der Berücksichtigung, dass der geforderte Umsatz eingehalten wird. Das mathematische Know-how aus dem Kapitel KAPAZ Uno Optimum ist Voraussetzung für das Verständnis der folgenden Berechnungen.

Strecke: Frankfurt-Ford de Saint Louis

Geforderter Umsatz: 300.000 Euro

Gesamte Passagieranzahl: 395

Tarife	First	Business	Economy
Tarif 1	10	150	200
Tarif 2	5	1	4
Tarif 3	4	6	3
Tarif 4	3	7	2
Gesamt	**22**	**164**	**209**

Die Tabelle zeigt, dass im Tarif der First-Class dieses Fluges zehn Passagiere fliegen und in der Business-Class 150 Passagiere. Weitere Unterbedingungen jedes einzelnen Tarifes werden hier nicht weiter betrachtet.

6.1 KAPAZ Duo Duo: Zuschläge berechnen

Der nächste Schritt besteht darin, den Passagieranteil der einzelnen Tarife an der Gesamtpassagierzahl in Prozent zu setzen, um die Zuschlagsätze berechnen zu können.

Tarife	First	Business	Economy
Tarif 1	2,5	38,0	**50,6**
Tarif 2	1,3	0,3	1,0
Tarif 3	1,0	1,5	0,8
Tarif 4	0,8	1,8	0,5

Beispiel:

Innerhalb Tarif 1 der Economy-Class fliegen 200 Personen.

Gesamte Passagieranzahl: 395

6.2 KAPAZ Duo Unus: Ermittlung des prozentualen Passagieranteils pro Tarif

Die Ermittlung des Prozentsatzes geschieht nach folgender Berechnung:

(200*100)/395 = **50,6 %**

Dennoch lässt sich ein Prozentsatz nicht verrechnen. Daher muss eine Zuschlags-Prozentfaktor-Tabelle zur Vereinfachung erstellt werden. Eine Erinnerung zur Berechnung des prozentualen Zuschlages:

q = (P/100)+1 q = (50,6/100)+1 **q = 1,506**

Tarife	First	Business	Economy
Tarif 1	1,025	1,379	**1,506**
Tarif 2	1,012	1,002	1,010
Tarif 3	1,010	1,015	1,007
Tarif 4	1,007	1,017	1,005

6.3 KAPAZ Duo Três: Ermittlung der Durchschnittspreise

Durchschnittspreis = (Gesamte Passagieranzahl/Geforderter Umsatz)

Der Durchschnittspreis beträgt: 759,49 Euro

Nun wird folgende Regel wieder angewendet:

Die Regel besagt, dass der Anteil der Economy-Class der Zuschlag für die First-Class ist, da die Economy-Class nicht teurer sein darf als die First-Class. Die First-Class ist nach dieser Logik der Zuschlag für die Economy-Class.

Die Business-Class behält den Zuschlag.

Folgende Tabelle zeigt die ersten ermittelten Preise:

Preise	First	Business	Economy
Tarif 1	**1.144,05 €**	1.047,91 €	740,74 €
Tarif 2	767,18 €	761,42 €	750,00 €
Tarif 3	765,26 €	771,03 €	751,88 €
Tarif 4	763,34 €	772,95 €	753,77 €

Beispiel: 759,49 Euro*1,506329114 = **1.144,05 Euro**

Anmerkung: Geforderter Umsatz = $\sum$(Preis x Passagier)

Umsatz	First	Business	Economy
Tarif 1	11.440,47 €	157.186,35 €	148.148,15 €
Tarif 2	3.835,92 €	761,42 €	3.000,00 €
Tarif 3	3.061,05 €	4.626,18 €	2.255,64 €
Tarif 4	2.290,02 €	5.410,67 €	1.507,54 €
Gesamt	20.627,46 €	167.984,62 €	154.911,32 €

Gesamt	**343.523 €**
Geforderter Umsatz	**300.000 €**
Differenz	**43.523 €**

Mit der letzten Berechnung wurde der geforderte Nettoumsatz nicht eingehalten. Die Nettoumsatzdifferenz beträgt 43.523,41 Euro.

6.4 KAPAZ Duo Quattuor: Verwendung der (H+P) Dividing Rule for Business & Economy

Die Regel lautet in diesem Fall: Die Preise müssen nach einer bestimmten Struktur gemindert werden. Dies geschieht mit der (H+P) Dividing-Rule for Business & Economy.

Es wird eine Abzugsmenge für die Economy- und Business-Class gebildet.

Die Formeln dazu lauten:

Teiler für die Business-Class

(Nettoumsatzdifferenz/Gesamtanzahl Passagiere der Business-Class) = Abzugsmenge der Business-Class.

43.523,41/164 = 265,39 Euro

Teiler für die Economy-Class

(Nettoumsatzdifferenz/Gesamtanzahl Passagiere der Economy-Class) = Abzugsmenge für die Economy-Class.

43.523,41/209 = 208,25 Euro

Die Regel ist, dass die einzelnen Preise der Business-Class von der Economy-Abzugsmenge subtrahiert werden.

Beispiel: Tarif 1 der Businessklasse hat einen Preis von 1.047,91 Euro.

Nun wird der Tarif 1 der Businessklasse von der Economy-Abzugsmenge subtrahiert.

1.047,91-208,25 = 839,66 Euro

Das Gleiche geschieht nun entgegengesetzt.

Beispiel:

Tarif 1 der Economy-Class beträgt 740,74 Euro.

Nach folgender Berechnung:

Economy-Preis-Businessabzugsmenge

740,74-265,39 = 475,35 Euro

Preise	First	Business	Economy
Tarif 1	1.144,05 €	839,66 €	475,35 €
Tarif 2	767,18 €	553,17 €	484,61 €
Tarif 3	765,26 €	562,78 €	486,49 €
Tarif 4	763,34 €	564,71 €	488,38 €

Nachdem die aktuellen Preise berechnet worden sind, lässt sich der Umsatz bestimmen.

Anmerkung: Geforderter Umsatz = ∑(Preis x Passagier)

Umsatz	First	Business	Economy
Tarif 1	11.440,47 €	125.949,45 €	95.070,82 €
Tarif 2	3.835,92 €	553,17 €	1.938,45 €
Tarif 3	3.061,05 €	3.376,71 €	1.459,48 €
Tarif 4	2.290,02 €	3.952,95 €	976,76 €
Gesamt	20.627,46 €	133.832,28 €	99.445,52 €

Gesamt	253.905,26 €
Geforderter Umsatz	300.000,00 €
Betragsdifferenz	46.094,74 €
Teiler	2.095,22

Nach dem Aufsummieren der Umsätze wird ersichtlich, dass diesmal der geforderte Umsatz um einen Betrag von 46.094,74 Euro unterschritten wurde.

6.5 KAPAZ Duo Quīnque: (H+P) Dividing Rule for First-Class

Im nächsten Schritt muss ein Teiler gebildet werden. Diesen Schritt nennt man (H+P) Dividing Rule for First-Class.

Die Anzahl der Passagiere in der First-Class entspricht genau 22.

Die Formel für den Teiler:

Teiler = (Betragsdifferenz/Anzahl der First-Class Passagiere)

Teiler = 46.094,74/22

Teiler = 2095,22

Jetzt wird der Teiler für die First-Class addiert.

Alter Preis des First-Class-Tarifs 1

= 1.144,05+2.095,22 = **3.239,26 Euro**

Preise	First	Business	Economy
Tarif 1	**3.239 €**	840 €	**475** €
Tarif 2	2.862 €	553 €	485 €
Tarif 3	2.860 €	563 €	486 €
Tarif 4	2.859 €	565 €	488 €

Anmerkung: Geforderter Umsatz = Σ(Preis x Passagier)

Umsatz	First	Business	Economy
Tarif 1	32.392,63 €	125.949,45 €	95.070,82 €
Tarif 2	14.312,00 €	553,17 €	1.938,45 €
Tarif 3	11.441,91 €	3.376,71 €	1.459,48 €
Tarif 4	8.575,66 €	3.952,95 €	976,76 €
Gesamt	**66.722,20 €**	**133.832,28 €**	**99.445,52 €**

Gesamtumsatz = 66.722,20+133.832,28+99.445,52

= 300.000 Euro

Kriterium: Gesamtumsatz = Geforderter Umsatz

Ein Blick auf die Tabelle zeigt, welcher Tarif den meisten Umsatz erbracht hat:

Umsatz	First	Business	Economy
Tarif 1	10,80%	41,98 %	31,69 %
Tarif 2	4,77 %	0,18 %	0,65 %
Tarif 3	3,81 %	1,13 %	0,49 %
Tarif 4	2,86 %	1,32 %	0,33 %

Tarif 1 der Business-Class erwirtschaftet den höchsten Umsatz.

Die Annahme ist folgende:

Volle Auslastung ist nicht gegeben. Das Kapitel Kapaz Uno Optimum hat die notwendigen mathematischen Rechnungen bei einer vollen Auslastung der Kapazitäten gezeigt. Es gibt drei Klassen, die jeweils alle einen Tarif hatten.

Jetzt muss eine Lösung gefunden werden, wie eine Klasse mit mehreren Tarifen optimal gepreist wird, damit der geforderte Umsatz eingehalten wird.

Die aktuelle Auslastungstabelle sieht wie folgt aus:

Passagiere	First	Business	Economy
Tarif 1	1	45	190
Tarif 2	4	5	4
Tarif 3	2	2	3
Tarif 4	2	3	1
Summe	**9**	**55**	**198**
Gesamt	**262**		

Auch bei diesem Flug sollten 395 Passagiere befördert werden.

6.6 KAPAZ Duo Unus Optimus: SOLL- und IST-Umsatz ermitteln

Die Umsatzzahlen zeigen, dass der von Seiten des Managements geforderte Umsatz unterschritten wurde.

Anmerkung: Geforderter Umsatz = Σ(Preis x Passagiere)

Umsatz nach aktuellen Preisen	First	Business	Economy
Tarif 1	3.239,26 €	37.784,84 €	90.317,28 €
Tarif 2	11.449,60 €	2.765,85 €	1.938,45 €
Tarif 3	5.720,95 €	1.125,57 €	1.459,48 €
Tarif 4	5.717,11 €	1.694,12 €	488,38 €
Summe	26.126,93 €	43.370,38 €	94.203,60 €

Der errechnete Betrag entspricht etwa (163.700*100)/300.000 = 54,6% des geforderten Umsatzes.

6.7 KAPAZ Duo Duo Optimus: Berechnung des prozentualen Differenzzuschlags und anschließende Multiplikation

Die Regel besagt, dass in diesem Fall ein Zuschlag für die First-Class berechnet werden muss.

((300.000/163.700)-1)*100 = 83,26% P = 83,26%

Somit ist der Prozentaufschlagssatz berechnet. Zunächst muss der Prozentfaktor gebildet werden.

q = (P/100)+1= 1,8324

Der Prozentfaktor wird multipliziert mit den Preisen der ersten Klasse.

Beispiel:

Tarif 1 des First-Class-Preises beträgt 3.239,26 Euro.

3.239,26*1,8324 = 5.935,62 Euro

Angaben sind in jeweils in Euro.

Umsatz	First	Business	Economy
Tarif 1	5.936,31 €	69.244,89 €	165.516,40 €
Tarif 2	20.982,66 €	5.068,73 €	3.552,43 €
Tarif 3	10.484,28 €	2.062,73 €	2.674,66 €
Tarif 4	10.477,23 €	3.104,66 €	895,01 €
Summiert	47.880,48 €	79.481,01 €	172.638,51 €
Gesamt	300.000,00 €		

Das gleiche ebenfalls mit den drei anderen Tarifen der First-Class.

Preis nach 1. Zuschlag	First	Business	Economy
Tarif 1	**5.935,62 €**	1.538,78 €	871,14 €
Tarif 2	5.245,66 €	1.013,75 €	888,11 €
Tarif 3	5.242,14 €	1.031,36 €	891,55 €
Tarif 4	5.238,62 €	1.034,89 €	895,01 €

Anmerkung: Geforderter Umsatz = $\sum$(Preis x Passagier)

Mit der letzten Rechenoperation ist der geforderte Umsatz erreicht.

Das vorgestellte Preisoptimierungssystem ist nur eine Orientierung, um zu einem Gewinnmaximum zu gelangen.

Kapaz Duo Optimum hat gezeigt, dass es möglich ist, durch einfache mathematische Berechnungen mehrere unterschiedliche Preise pro Tarif innerhalb einer Transportklasse zu erfassen, unter Berücksichtigung der Zielerreichung des geforderten Umsatzes.

Jeder Einbau und jede Berücksichtigung von Kosten und Prämissen kann jederzeit erfolgen, um bei der Gewinn- und Kostenkalkulation ein positives Ergebnis zu präsentieren.

7. (H+P) Degressive and Dynamic Pricing

Dieses Kapitel beschäftigt sich mit einer effizienten, zeitlichen Preisgestaltung, bei der sich die Preise nach und nach in der Periode erhöhen. Das Umsatzziel ist bei den ersten Verfahren gegeben. Durch einfache mathematische Formeln werden Preisstrategien nachfrageorientiert berechnet und verschiedene Szenarien dargestellt, um ihre Vorteilhaftigkeit zu ermitteln. Das Besondere bei diesen Preisgestaltungmodellen ist, dass Mindestpreis (Bidprice in der Revenue-Management-Fachsprache), Kapazität und Break-Even-Umsatz und -Kapazität berücksichtigt werden. Die größte Herausforderung für einen Revenue Manager ist es, eine verlässliche Nachfrage-Prognose zu erstellen. Daher wird bei allen Preisgestaltungsmodellen eine geschätzte Kapazitätseinteilung vorgenommen. Es wird jeweils ein Worst-Case, ein Best-Case-Szenario und ein Plananreiz aus Sicht des Revenue Managements vorgenommen, um eine Planunterstützung zu erhalten. Ein weiteres professionelles Preismanagement durch finanzmathematische Methoden wird gezeigt, um einen Vergleich der beiden Modelle vorzunehmen.

Das (H+P) Degressive and Dynamic Pricing besteht aus drei Verfahren:

1. (H+P) Different Pricing
2. (H+P) Dynamic Pricing
3. (H+P) Degressive Pricing

7.1 (H+P) Different Pricing

Das (H+P) Different Pricing System ist ein Preisgestaltungsprozess, der durch eine periodische Preisvariation gekennzeichnet ist. Ziel ist es, durch die zeitlich degressive Preisgestaltung den höchst möglichen Revenue zu erhalten. Je näher der Endzeitpunkt für das Angebot kommt, desto höher steigen die Preise für die in Anspruch genommenen Leistungen.

Dazu folgendes Beispiel:

Eine mehrfach ausgezeichnete Fluggesellschaft plant in einem festen Zeitrahmen die Belegung der gewinnoptimalen Kapazitäten der Flugstrecke Frankfurt-New York. Zur detaillierten Ausgestaltung müssen einige Daten hinzugefügt werden.

Zielumsatz	150.000 €
Kapazitäten	150
Bidpreis	240 €
Zeitraum (N)	10 Monate

Das Management verlangt einen Zielumsatz von 150.000 Euro. Dabei müssen 150 Kapazitäten ertragsorientiert belegt werden. Der durchschnittliche Bidpreis beträgt 240 Euro pro Person.

Nun wird eine Formel vorgestellt, die die zeitliche, optimale Preisstrategie festlegt. Diese besteht aus fünf einzelnen Schritten.

1. $\left[\left(\left(\frac{\text{Kapazität}}{\sum N}\right)*ni\right)*\text{Kapazität}\right]=A$

   Das Ergebnis dieses Rechnungsschrittes ist A.

2. Im zweiten Schritt erfolgt dieser Rechenvorgang:

   $$\left[\left(\left(\frac{\text{Kapazität}}{\sum N}\right)*ni\right)*\text{Kapazität}\right]*\text{Kapazität}*Ni$$

   0,36667*1*150= 55

Zeitraum (10 Monate)	1. Schritt
1	**55**
2	396
3	594
4	792
5	990
6	1188
7	1386
8	1584
9	1782
10	1980
55	**10747**

Das Ergebnis dieses Rechnungsschrittes ist B.

3. Im dritten Schritt werden die einzelnen Ergebnisse des ersten Schrittes summiert und in Prozent gesetzt. Dies geschieht mit Hilfe folgender Formel.

$$\left(\frac{\text{Ergebnis 1. Schritt}}{(\sum \text{Ergebnisse der ersten Schritte})}\right)+1$$

55/10747=**1,0051**

3. Schritt
1,0051
1,0368
1,0553
1,0737
1,0921
1,1105
1,1290
1,1474
1,1658
1,1842

4. Im vierten Schritt werden die Ergebnisse von Schritt 1 mit der bekannten Formel

(Kapazität*2)+Bidpreis

multipliziert. Das Ergebnis dieser Formel ist 540 und mit der Multiplikation beträgt dies 540*1,0051= 542,76 Euro.

Nun werden die ersten Preise ermittelt.

4. Schritt
542,76 €
562,76 €
593,87 €
637,63 €
696,37 €
773,35 €
873,09 €
1.001,77 €
1.167,88 €
1.383,04 €

Es wird eine optimale Aufteilung empfohlen.

Zeitraum (N)	Aufteilung	Preis
1	3	542,76 €
2	5	562,76 €
3	8	593,87 €
4	11	637,63 €
5	14	696,37 €
6	16	773,35 €
7	19	873,09 €
8	22	1.001,77 €
9	25	1.167,88 €
10	27	1.383,04 €
Summe	150	-

Die Tabelle zeigt die Aufteilung der eintreffenden Nachfrage auf die Kapazitäten. Die bekannte Formel Preis*Menge errechnet den Umsatz dieser Teilstrecke pro Periode.

Zeitraum (N)	Umsatz
1	1.480 €
2	3.070 €
3	4.859 €
4	6.956 €
5	9.496 €
6	12.655 €
7	16.668 €
8	21.857 €
9	28.666 €
10	37.719 €
Summe	143.426 €

5. Die Preisstrategie zeigt ein degressives Verhalten. Je weiter weg der Zeitraum vom Endtermin ist, desto günstiger ist der Preis für die Beförderungsleistung. Die Schwierigkeit ist, zu erkennen, dass der Zielumsatz nicht erreicht wurde – und damit ist die Preisgestaltung nicht optimal kalkuliert worden und aus Sicht des Revenue Managements nicht zu akzeptieren. Die Verlust-Differenz beträgt 6.574 Euro. Daher muss ein weiterer Optimierungsschritt vorgenommen werden.

Dazu wird folgende Formel angewendet.

$$\left(\frac{\text{Verlust-Zielumsatz}}{\text{Zielumsatz}}\right)*100$$

$$\left(\frac{150.000\text{-}143.426}{150.000}\right)*100= \text{-}5\%$$

6. Das Ergebnis beträgt -5%. Das heißt, die zuvor errechneten Preise müssen um 5% erhöht werden.

542,76*1,05=568 Euro aufgerundet.

Zeitraum (N)	Aufteilung	Preis	Umsatz
1	3	568 €	1.548,12 €
2	5	589 €	3.210,32 €
3	8	621 €	5.081,64 €
4	11	667 €	7.274,84 €
5	14	728 €	9.931,23 €
6	16	809 €	13.234,87 €
7	19	913 €	17.432,01 €
8	22	1.048 €	22.858,64 €
9	25	1.221 €	29.980,03 €
10	27	1.446 €	39.448,31 €
Summe	150	-	150.000,00 €

Das Ergebnis zeigt, dass durch die degressiv errechneten Preise mit der festgelegten Aufteilung der einzelnen Kapazitätseinheiten ein Zielumsatz von 150.000,00 € erreicht werden kann.

Im ersten Monat zahlt der Kunde einen Preis von 568 Euro. Sobald die Kapazitätseinheiten ausgebucht sind, steigt der Preis auf 589 Euro. Insgesamt wird eine Preiserhöhung auf 1.446 Euro vorgenommen. Die Festlegung der Kapazitäten muss unternehmensspezifisch vorgenommen werden. Die absolute Preisspanne beträgt 879 Euro und entspricht 155% (aufgerundet).

Preisspanne – Absolut	879 €
Preispanne – Relativ	154,81%

7.2 (H+P) Dynamic Pricing

Das (H+P) Dynamic Pricing ist das zweite Verfahren und für eine zeitliche Preisdifferenzierung geeignet. Ein traditionelles Verfahren wird zunächst vorgestellt, um Relevanz und Vorteile des (H+P) Dynamic Pricing Modells aufzeigen zu können.

Die Situation ist folgende:

In einer Revenue-Managementabteilung eines großen deutschen Reiseveranstalters wird eine Endkundenpreisstrategie für Reiseleistungen in eine neue Destination besprochen. Das Ziel ist, durch die zeitlichen Preisspielräume einen höchst möglichen Ertrag zu erwirtschaften.

Weitere Daten müssen vorgegeben werden:

Gesamtzeitraum (Monate)	10
Operativer Umsatz	500.000 €
Break-Even Umsatz	300.000 €
Kapazität	500
Break-Even-Auslastung	80%
Plankapazität	500
Ermittelter Bidpreis	500 €

Die Tabelle zeigt, dass ein Zeitraum von zehn Monaten für die Preisstrategie geplant worden ist. Ein Mindestumsatz von 300.000 Euro und ein geplanter Revenue von 500.000 wird gefordert. Durch eine aufwendige Marktpreisforschung kam heraus, dass ein Bidpreis von 500 Euro erzielt werden muss, damit die Buchungsanfrage angenommen werden kann.

Eine Festlegung der Kapazität wurde bereits vorgenommen und spiegelt sich in folgender Aufstellung wider.

Periode	Einteilung
1	9
2	18
3	27
4	36
5	45
6	55
7	64
8	73
9	82
10	91
Summe	500

Dennoch ist darauf hinzuweisen, dass bei dem ersten Verfahren eine gleichmäßige Verteilung vorausgesetzt wird.

Periode	Einteilung
1	50
2	50
3	50
4	50
5	50
6	50
7	50
8	50
9	50
10	50
Gesamt	500

Das erste Verfahren wird für die Tilgung von Krediten verwendet. Man behilft sich mit der Formel der Annuitätentilgung. Zunächst werden die Abkürzungen erläutert.

R = Rate

A = Jährliche Annuität

P = Zinssatz

q = (P/100)+1 = Zinsfaktor.

N = Gesamtlaufzeit.

Die Formel lautet nun:

$$\left[\left(\frac{q^n*(q-1)}{q^n-1}\right)*\text{Operativer Revenue}\right]=\text{Periodische Revenue Rate}$$

In der Finanzmathematik ist die Formel angelehnt an die Formel des Barwertwiedergewinnungsfaktors.

$$\left[\left(\frac{q^n*(q-1)}{q^n-1}\right)*\text{Gesamtumsatz}\right]=\text{Annuität}$$

In unserem Fall handelt sich nicht um einen Tilgungsplan, um einen Kredit abzubezahlen, sondern aus dieser Formel soll eine wettbewerbsfähige Preisstrategie entwickelt werden. Im Durchschnittlich müssen die Preise in der Preisgestaltung um einen bestimmten Prozentsatz pro Periode steigen. Das Revenue Management rechnet mit einem Zinssatz von zehn

Prozent. Ein Skonto ist in diesem Verfahren mitberücksichtigt. Der erste Schritt ist die Kalkulation der Annuität.

$$\left[\left(\frac{1{,}10^{10}*(0{,}10)}{1{,}10^{10}-1}\right)*500.000\right]=81.373\ €$$

Das Ergebnis ist der periodische Revenue, der in jedem einzelnen Monat zu erzielen ist.

Periode	Skonto	Umsatz	Revenue Rate	Anteil
1	**50.000 €**	**31.373 €**	**81.373 €**	**500.000 €**
2	46.863 €	34.510 €	81.373 €	468.627 €
3	43.412 €	37.961 €	81.373 €	434.117 €
4	39.616 €	41.757 €	81.373 €	396.156 €
5	35.440 €	45.933 €	81.373 €	354.399 €
6	30.847 €	50.526 €	81.373 €	308.467 €
7	25.794 €	55.579 €	81.373 €	257.941 €
8	20.236 €	61.137 €	81.373 €	202.362 €
9	14.123 €	67.250 €	81.373 €	141.225 €
10	7.398 €	73.975 €	81.373 €	73.975 €
Summe	313.727 €	500.000 €	813.727 €	-

Die Tabelle zeigt den jeweiligen Teilumsatz, der erwirtschaftet werden muss, den Gesamtskonto, der periodisch verlangt werden kann, und den Restumsatz, der sich noch im Umlauf befindet.

Der Skontosatz ist vorgegeben mit 10%.

Somit errechnet sich das Skonto durch die Formel:

Operativer Revenue *Skontosatz=Skonto

500.000*0,10=50.000 Euro

Der Umsatz, der in der ersten Periode erwirtschaftet werden muss, errechnet sich durch die Formel

Revenue Rate-Skonto=Umsatz

81.373 - 50.000 = 31.373 Euro

Periode	Skonto pro Person	Planverkaufs-preis	Zielverkaufs-preis	Operativer Teilum-satz	Periode Eintei-lung
1	**100 €**	627 €	**727 €**	36.373 €	50
2	94 €	690 €	784 €	39.196 €	50
3	87 €	759 €	846 €	42.302 €	50
4	79 €	835 €	914 €	45.719 €	50
5	71 €	919 €	990 €	49.477 €	50
6	62 €	1.011 €	1.072 €	53.611 €	50
7	52 €	1.112 €	1.163 €	58.158 €	50
8	40 €	1.223 €	1.263 €	63.160 €	50
9	28 €	1.345 €	1.373 €	68.662 €	50
10	15 €	1.480 €	1.494 €	74.715 €	50
Summe	627 €			**531.373 €**	500

Kapazität	500

Es wurde bereits eine Kapazität von 500 festgelegt. Der Skonto pro Person wird errechnet durch folgende Formel.

$\left(\frac{\text{Skonto}}{\text{Kapazität}}\right) = \text{Skonto pro Person}$

50.000/500 = 100 Euro.

Das Ergebnis sagt aus, dass aus Sicht des Revenue Managements ein Skontorahmen von 100 Euro gestellt werden darf. Der Zielverkaufspreis ist der Preis, der ohne die Miteinberechnung des Skontos verlangt wird. Die Formel dafür lautet:

$$\left(\frac{\text{Operativer Teilumsatz}}{\text{Periodische Einteilung}}\right) + \text{Skonto pro Person} = \text{Zielverkaufspreis}$$

(36.373/50)+ 100=727 Euro

Das Ergebnis ist der Preis, den der Kunde in der ersten Periode ohne die Inanspruchname des angebotenen Skontos zahlt. Im anderen Fall muss der Planverkaufspreis kalkuliert werden.

Dieser errechnet sich durch die Formel:

$$\text{Planverkaufspreis} = \text{Zielverkaufspreis} - \text{Skonto pro Person}$$

727-100 = 627 Euro.

Durch die Berechnung des Gesamtumsatzes mit Berücksichtigung des Skontos erreicht man eine Summe von 531.373 Euro. Gleichermaßen errechnet man einen Planumsatz ohne Skonto, der dem geforderten operativen Umsatz exakt entspricht.

Periode	Einteilung	Umsatz ohne Skonto
1	50	31.373 €
2	50	34.510 €
3	50	37.961 €
4	50	41.757 €
5	50	45.933 €
6	50	50.526 €
7	50	55.579 €
8	50	61.137 €
9	50	67.250 €
10	50	73.975 €
Summe	500	**500.000 €**

Der Vorteil dieses Preisverfahrens liegt darin, dass mit der Gewährung des Skontos ein zusätzlicher Kundenanreiz gesetzt werden kann.

Periode	Zielverkaufspreis	Skonto in Prozent
1	727 €	14%
2	784 €	12%
3	846 €	10%
4	914 €	9%
5	990 €	7%
6	1.072 €	6%
7	1.163 €	4%
8	1.263 €	3%
9	1.373 €	2%
10	1.494 €	1%

Aus der Tabelle kann man entnehmen, dass sich der Skontosatz verkleinert, je näher der Endzeitpunkt kommt. Zum finalen Zeitpunkt gibt es nur noch ein Prozent Rabatt.

Relative Zielverkaufspreisspanne	105%
Absolute Preisspanne	767 €

Im gesamten Zeitraum steigt der Preis um 767 Euro, was eine Steigerung von 105 Prozent ausmacht. Der Bidpreis von 500 Euro ist in jeder Periode eingehalten.

Der Nachteil dieses Preisverfahren ist dennoch, dass eine feste Einteilung vorgegeben werden muss, die pro Monat neu berechnet werden muss. Ansonsten kann es zu Preisen kommen, die über dem Marktniveau liegen.

Das zeigt die folgende Tabelle:

Periode	Zielverkaufspreis	Einteilung
1	4.056 €	9
2	2.040 €	18
3	1.450 €	27
4	1.178 €	36
5	1.028 €	45
6	937 €	55
7	880 €	64
8	844 €	73
9	824 €	82
10	815 €	91

Aus der Tabelle wird ersichtlich, dass der Verkaufspreis für die in Anspruch genommene Leistung ein Wucherpreis wäre, der pro Periode gesenkt wird. Aus Sicht des Revenue Managements ist dies nicht zu akzeptieren. Ein besseres Verfahren muss konzipiert werden, damit die Kapazitäten dynamisch und marktgerecht angepasst werden können. Das empfohlene Preisverfahren wird in mehreren Schritten vorgestellt. Zur besseren Orientierung werden die Grunddaten erneut gegeben.

N=Zeitraum in (Monate)	10
Operativer Umsatz	500.000 €
Break-Even Umsatz	300.000 €
Kapazität	500
Break-Even	80%
Plankapazität	500

Die Formel zur Berechnung der Preisstrategie ist folgende.

Die Summe der Ziffern von 1 bis 10 beträgt nach der Formel

$$\left[\left(\frac{n+1}{2}\right)*n\right] = A$$

Somit ist das Ergebnis von A = 55. Der einzelne Monat wird als Ni bezeichnet.

Die Formel zur weiteren Berechnung ist nun:

$$\frac{1}{\left[\frac{\left(\left(\frac{ni}{A}\right)^2 - \left(\frac{ni}{A}\right)\right)}{\frac{ni}{A}}\right]} = B$$

Die Ergebnistabelle sieht wie folgt aus:

Ni	B
1	**1,04**
2	1,08
3	1,12
4	1,16
5	1,21
6	1,26
7	1,31
8	1,37
9	1,43
10	1,49

Beispielhaft wird der erste Fall berechnet:

$$\frac{1}{\left(\frac{\left(\frac{1}{55}\right)^2 - \left(\frac{1}{55}\right)}{\left(\frac{1}{55}\right)}\right)} = 1{,}04$$

Die letzte Berechnung C erfolgt durch die Formel:

$$C = B*(1-B)$$

n	C
1	**-0,04**
2	-0,08
3	-0,13
4	-0,19
5	-0,25
6	-0,33
7	-0,41
8	-0,51
9	-0,61
10	-0,74

Eine Beispielrechnung:

-0,04 = 1,04*(1-1,04)

Nun können wir mit folgender Formel einen ersten Preis ermitteln.

Bidpreis*(B-C) = 1. Preisoptimierung

N	1. Preisoptimierung	Einteilung	Umsatz nach 1. Preisoptimierung
1	**538 €**	9	4.892 €
2	580 €	18	10.543 €
3	626 €	27	17.066 €
4	676 €	36	24.593 €
5	732 €	45	33.275 €
6	794 €	55	43.291 €
7	862 €	64	54.848 €
8	938 €	73	68.191 €
9	1.022 €	82	83.606 €
10	1.116 €	91	101.433 €
55		500	**441.737 €**

500*(1,04-(-0,039)) = 538 Euro.

Durch die Errechnung des Umsatzes mit der Formel (Preis*Menge) erhält man eine Gesamtsumme von 441.737 Euro. Der Break-Even-Umsatz mit 300.000 Euro ist somit erreicht. Die Differenz beträgt 58.263 Euro. Dies entspricht einem prozentualen Anteil von 13,19%. Aus Sicht des Revenue Managers muss entschieden werden, ob der operative Zielumsatz von 500.000 Euro erreicht werden soll/muss. Damit der operative

Zielumsatz genau ermittelt und die Preise optimiert werden können, muss eine weitere Formel aufgestellt werden.

$$D = \text{Umsatz nach 1. Preisoptimierung} - \sum \text{Operativer Zielumsatz}$$

$$E = \left(\frac{D}{\text{Kapazität}}\right)$$

$$F = E - \text{1. Preisoptimierung}$$

Die Ergebnisse werden in einer Tabelle dargestellt.

Schritt	Ergebnis
D	-58.262,90
E	-116,52
F	655 €

538-(-116,2) = 655 Euro.

Ergebnis F ist das erste Ergebnis der letzten Tabelle.

Periode	Einteilung	Zielverkaufspreis	Zielumsatz
1	9	**655 €**	5.951 €
2	18	696 €	12.661 €
3	27	742 €	20.244 €
4	36	793 €	28.830 €
5	45	849 €	38.572 €
6	55	910 €	49.647 €
7	64	978 €	62.263 €
8	73	1.054 €	76.666 €
9	82	1.138 €	93.140 €
10	91	1.232 €	112.026 €
Summe	**500**	**9.048 €**	**500.000 €**

Die optimalen Preise, die ermittelt worden sind, zeigen, dass nach dieser gewinnoptimalen Kapazitätsplanung ein Zielumsatz von 500.000 Euro erwirtschaftet wird, der den Erwartungen entspricht. Der Bidpreis wird bereits in der ersten Periode eingehalten.

Zur Verdeutlichung werden im Folgenden weitere Ergebnisse gezeigt.

Relative Preisspanne	88%
Preisspanne	578 €

Das Ergebnis zeigt, dass sich der Preis von 578 Euro in den Gesamtperioden erhöht.

7.3 (H+P) Degressive Pricing

(H+P) Degressive Pricing ist ein Preisgestaltungsverfahren, das sich am besten für Hotellerie und Reiseveranstalter eignet, um Kapazitäten im Voraus preislich optimal festzulegen. Die Charakteristik zeigt ein degressives Verhalten. Das bedeutet, dass der Leistungspreis in jeder Periode um durchschnittlich ein bis zwei Prozent steigt. Das Ziel ist, durch die Berechnung der zeitlichen Preisdifferenzierung eine durchschnittliche Preisspanne zu erhalten, um daraus auch weitere Preismaßnahmen in der Zukunft ableiten zu können. Das (H+P) Degressive Pricing ist eine Gestaltungsstrategie, die dazu dient, in der Hochsaison, auch Peak-Saison genannt, ein Ertragsmaximum erwirtschaften zu können.

Das Verfahren wird anhand eines konkreten Beispiels erläutert.

Eine Hotel-Investment-Gesellschaft stellt Kapital für das Betreiben eines Stadthotels in der Messestadt Frankfurt/Main zu Verfügung.

Das im Hotel eingesetzte Revenue Management soll eine Preisstruktur für ein Zimmer-Kontingent für Geschäftsreisende erstellen, um einen höchstmöglichen Ertrag zu erwirtschaften. Ein bestimmtes Umsatzziel ist nicht vorgegeben. Die Abteilung für Marktforschung hat lediglich einen Bidpreis pro Gast von 500 Euro **pro Übernachtung** festgelegt, der nicht unterschritten werden darf. Eine spezifische Kunden-Preisdifferenzierung wird in diesem Verfahren nicht berücksichtigt. Ein **Bidpreis** muss vorbestimmt werden.

Kapazität	150
Monate im Voraus	10
Bidpreis	500 €

Die Tabelle zeigt: Das Stadthotel hat 150 Kapazitätseinheiten pro Nacht, d.h. maximal 150 Gäste können beherbergt werden. Das mathematische Verfahren wird anhand von sechs Schritten erläutert.

1) $\ln\left(\frac{1}{\text{Bidpreis*0,1}}\right) = A$

Das Ergebnis ist = -3,91202301

2) 1-A = B

Das Ergebnis ist = 4,912023005

3) (−B/A) = C

Das Ergebnis ist = 1,1205455

4) (Bidpreis*C) = D

N	Preis
1	**560 €**
2	629 €
3	709 €
4	804 €
5	918 €
6	1.057 €
7	1.228 €
8	1.441 €
9	1.710 €
10	2.052 €

Der Bidpreis wurde auf 500 Euro festgelegt (500*1,1205455 = 560 Euro). Dieser Schritt ist ein Unique Step.

Konkret bedeutet das, dass nur in der ersten Periode der Preis zu kalkulieren ist, um generell den Startpreis zu erlangen. Im nächsten Schritt werden die Periodenzahlen eins bis zehn in einen Prozentfaktor gesetzt.

N	Faktor
1	-
2	1,02
3	1,03
4	1,04
5	1,05
6	1,06
7	1,07
8	1,08
9	1,09
10	1,1

Die Schritte werden nach folgendem Muster berechnet.

Startpreis+((Startpreis-Bidpreis)*Faktor 2*C) = Preis 2

Startpreis+((Preis 2-Bidpreis)*Faktor 3*C) = Preis 3

Startpreis+((Preis 3-Bidpreis)*Faktor 4*C) = Preis 4

Zur Verdeutlichung wird Schritt 2 für Preis 2 vorgerechnet.

560+((560-500)*1,02*1,1205455) = 629 Euro

Periode	Preis	Relative Preissteigerung	Periodische Preisspanne
1	560 €	-	**60 €**
2	**629 €**	12%	129 €
3	709 €	13%	209 €
4	804 €	13%	304 €
5	918 €	14%	418 €
6	1.057 €	15%	557 €
7	1.228 €	16%	728 €
8	1.441 €	17%	941 €
9	1.710 €	19%	1.210 €
10	2.052 €	20%	1.552 €

Berechnet man die jährliche prozentuale Steigerung der einzelnen Preise, erkennt man, dass der höchste Anstieg im zehnten Monat erreicht wird. Die periodische Preisspanne errechnet man durch folgende Formel

(Preis-Bidpreis) = Periodische Preisspanne

Also: 560-500 = 60 Euro

Durchschnittliche Preisspanne
60 €
129 €
209 €
304 €
418 €
557 €
728 €
941 €
1.210 €
1.552 €

Das Revenue Management der Hotelgesellschaft muss nun ein Best- und Worst-Case-Szenario entwerfen, um die bestmögliche Strategie zu finden.

Worst-Case-Szenario

Die maximal möglichen Reservierungszahlen treffen in der ersten Periode ein.

560*150=84.000 Euro

Medium-Case-Szenario

Die volle Belegung der Hotelzimmer ist erreicht bis Periode 5. Diese sind festverteilt mit jeweils 30 Gästen pro Periode. Die Hotelmanagementgesellschaft hat nun folgenden Umsatz erreicht:

Periode	Preis	Einteilung	Umsatz
1	560 €	30	16.808 €
2	629 €	30	18.875 €
3	709 €	30	21.280 €
4	804 €	30	24.127 €
5	918 €	30	27.547 €
Gesamt	-	150	108.638 €

Best-Case-Szenario

Im besten Falle treffen die Buchungen in der letzten Periode ein.

2.052*150 = 307.800 Euro

Zur Gesamtübersicht werden die Umsatzzahlen erneut aufgestellt.

Case/Tage	1 Nacht	2 Nächte	3 Nächte
Worst-Case	84.000 €	168.000 €	252.000 €
Medium-Case	108.638 €	217.275 €	325.913 €
Best-Case	307.800 €	615.600 €	923.400 €
Mittelwert	166.813 €	333.625 €	500.438 €

Durch Festlegung dieser Preise wird im schlimmsten Falle ein Mindestumsatz von 84.000 Euro erreicht. Der Revenue Manager sollte nun den Mittelwert für die Preise kalkulieren, um eine ungefähre Umsatzverteilung abschätzen zu können.

(84.000 + 108.638 + 307.800)/3 = **166.812 Euro**

8. (H+P) Revenue and Capacity Optimisation

(H+P) Revenue and Capacity Optimisation ist ein mathematisches, statisches Optimierungsverfahren, das durch relativ einfache Berechnung eine optimale, erlösorientierte Kapazitätszuteilung erbringen soll, mit dem Ziel des langfristigen Umsatzmaximums. Die Abkürzung lautet HPRCO.

Das Verfahren besteht aus HPRCO 1 und 2. Es beschreibt ein erstes analytisches Preisgestaltungsergebnis, mit dem sich ein eventuelles Umsatzmaximum ermitteln lässt. Optional kann ein weiterer analytischer Prozess folgen: das HPRCO 2. Dieses erweitere Verfahren ermittelt eine exakte Aufstellung und Zuteilung der vorgegebenen Kapazitäten. Im finalen Punkt werden prozentual die beiden Werte ins Verhältnis gesetzt. Aus unternehmerischer Entscheidungssicht sollte das theoretisch höchste Umsatzergebnis gewählt werden.

Das Berechnungsverfahren besteht aus folgenden Schritten.

- HPRCO 1- und HPRCO 2-Preisermittlung,
- Zeitraumbestimmung,
- prozentualer Vergleich von HPRCO 1 und HPRCO 2.

Situation:

Ein Touristikkonzern hat eine interne Fluggesellschaft gegründet, um die touristische Nachfrage in der Destination X bedienen zu können. Die Abteilung, die die Airline für den Konzern managt, erstellt verschiedene Buchungsklassen mit den dazugehörenden Preisen, um die unterschiedliche Zahlungsbereitschaft der Nachfrager möglichst effizient ausnutzen zu können. Das Ziel ist es, einen höchst möglichen Ertrag zu erwirtschaften.

Buchungsklasse	Preis
1	120 €
2	116 €
3	24 €
4	109 €
5	115 €
6	89 €
7	200 €
8	70 €
9	121 €
10	111 €

Die Tabelle zeigt die marktorientierten Preise für die Beförderung der Strecke x pro Person. Nach einer ersten Auswertung ergeben sich weitere Daten. Die Preise sind nur für eine Beförderungsklasse kategorisiert. Die Buchungsklasse 7 verlangt den höchsten Preis für den Lufttransport. Die Kapazität des Luftfahrzeugs beträgt 120.

Zur Vereinfachung der Formel werden einige Abkürzungen mit der jeweiligen Bedeutung genannt.

K	Maximale Kapazität
HP	Höchster Preis
NP	Niedrigster Preis
Preis I	Aktueller Preis
-A	Ausprägung von Buchungsklasse 1 bis zur letzten Buchungsklasse

Die Abkürzung bzw. Anhängung -A bedeutet, dass die Parameter von der ersten Zeile bis zur letzten Zeile durchgeführt werden müssen.

Das Berechnen der optimalen Einteilung der Kapazitäten erfolgt durch diese Rechenschritte.

1. $\left[\frac{(\text{-K}*(\text{K}/\sum \text{Preise}))}{\text{Preis I+HP-NP}}\right]^2 = \text{Eins}$

2. [Standardnormalverteilung (Ergebnis von Eins)]*-1 = Zwei

3. $\left[\left(\frac{\text{Zwei-A}}{\sum \text{zwei}}\right)/\text{K}\right]*(\text{Zwei-A}) = \text{Drei}$

4. Eine absteigende Rangordnung von <u>drei</u> muss durchgeführt werden.

5. $[(\text{Drei-A})/(\sum \text{Drei-A})] = \text{Fünf}$

6. Ermittlung des höchsten Werts aus Spalte fünf. Das Ergebnis trägt die Nummer 6.

7. Eine Bedingung muss aufgestellt werden.

Wenn der Wert 3-A der Zahl Sechs entspricht, dann muss die Zahl 0 hinzugefügt werden, andernfalls bleibt es bei dem Wert 0. Das Ergebnis ist sieben.

8. Der nächste Schritt ist die Anwendung folgender Formel.

$$\frac{\sum \text{Sieben}}{((\text{HW Drei-A})*(\text{HW Fünf-A}))} = 8$$

9. (Sieben-A/(Acht-A) = 9

10. Wenn der Wert 7-A der Zahl Null entspricht, dann muss folgende **Berechnung (HW Drei*HW Fünf)** durchgeführt werden, andernfalls muss die Rechnung **(Sieben-A)*(1-(9-A)) unternommen werden.** Das Ergebnis ist 10.

11. $\frac{\text{K}}{\sum \text{Zehn}} = \text{elf}$

12. Die vorletzte Rechnung sieht folgendermaßen aus.

$$((10\text{-A})*\text{Elf})) = \text{zwölf}$$

13. Zwölf*Preis I

Zur Verdeutlichung wird die Berechnung an dem oben genannten Beispiel durchgeführt. Die Schritte werden nummeriert zur besseren Orientierung unterstrichen.

1	2	3	4	5
0,13	1,13	12,8965	3,00	10,75%
0,13	1,11	12,7046	4,00	10,59%
0,28	0,57	6,5258	10,00	5,44%
0,14	1,08	12,3583	7,00	10,30%
0,13	1,11	12,6559	5,00	10,55%
0,16	0,99	11,2863	8,00	9,41%
0,08	1,40	16,0379	1,00	13,36%
0,19	0,89	10,1324	9,00	8,44%
0,13	1,13	12,9438	2,00	10,79%
0,14	1,09	12,4586	6,00	10,38%
0,01	**10,49**	**120,00**	**55,00**	**100,00%**

7	9	10	12
12,8964725	0,1794013	11	11
12,7045759	0,17673185	10	11
6,52575678	0,09077903	6	6
12,3582576	0,17191426	10	10
12,6559343	0,1760552	10	11
11,2862881	0,15700222	10	10
0	0	32	32
10,1323659	0,14095014	9	9
12,9437928	0,18005957	11	11
12,4586127	0,17331029	10	10
103,96	**1,44620387**	**119**	**120**

Die Rechenschritte Sechs, Acht und Elf werden getrennt voneinander berechnet und in einer Tabelle dargestellt.

Rechenschritt	Ergebnis
6	16,0379434
8	71,8861698
11	1,0097279

Der Kalkulationsschritt 12 ist die errechnete optimale Kapazitätseinteilung dieser Buchungsklassen.

Durch die bereits bekannte, aber nunmehr modifizierte Formel

Umsatz = Preis der Buchungsklasse* Kapazitätsaufteilung

entsteht der operative Umsatz. Dies erbringt gleichzeitig den 13. Schritt der Kalkulation.

Folgende Ergebnisdarstellung wird gegeben.

Buchungsklasse	Kapazitätsaufteilung	Preis	Umsatz
1	11	120 €	1.282 €
2	11	116 €	1.225 €
3	6	24 €	144 €
4	10	109 €	1.126 €
5	11	115 €	1.211 €
6	10	89 €	855 €
7	32	200 €	6.478 €
8	9	70 €	615 €
9	11	121 €	1.297 €
10	10	111 €	1.154 €
Summe	120	-	

Die Interpretation ist folgende. Der Gesamtumsatz beträgt 15.239 Euro. Je niedriger die Kapazitätseinheit gestaltet ist, desto niedriger ist der jeweilige Preis. Dadurch wird verhindert, dass die Nachfrager bei der Preisauswahl einen zu geringeren Preis bezahlen. Es ist ein Schritt zum Umsatzmaximum. An sich reicht die Berechnung bis zum dritten Schritt, denn damit ist eine erste Kapazitätszuteilung durchgeführt. Ein Vergleich der Vorteilhaftigkeit der beiden Berechnungen muss nun erfolgen, um die Wirtschaftlichkeit zu beweisen.

Tarif	Buchungsgrenze	Schutzgrenze (Ergebnis Schritt 3)	Preis	Revenue
1	107	13	120,00 €	1.548 €
2	107	13	116,00 €	1.474 €
3	113	7	24,00 €	157 €
4	108	12	109,00 €	1.347 €
5	107	13	115,00 €	1.455 €
6	109	11	89,00 €	1.004 €
7	104	16	200,00 €	3.208 €
8	110	10	70,00 €	709 €
9	107	13	121,00 €	1.566 €
10	108	12	111,00 €	1.383 €
		120	-	13.851 €

Die Ermittlung des relativen Revenue-Ergebnis-Vergleichs erfolgt mit folgender Formel:

$$\left(\frac{\text{Revenue-Ergebnis der erweiterten Berechnung}}{\text{Revenue-Ergebnis der ersten Berechnung)}}\right)\text{-1}$$

(15.239 € /13.850,85 €)-1 = **10,02%**

Das Ergebnis zeigt, dass durch die zweite Berechnung ein zusätzlicher Revenue von 10,02% erwirtschaftet wird. Empfohlen wird generell, den höheren Prozentsatz auszuwählen, denn dadurch wird der operative Revenue maximiert.

Es ist offen, wie die zeitliche Dimensionierung aussieht, ab wann also die Kapazitäten geschlossen werden sollen, damit die niedrigwertigen Zahlungsbereitschaften der Kunden nicht die hochwertigen Kapazitäten mit dem entsprechenden Preis in Anspruch nehmen. Die Strategie ist wie folgt: Am Anfang des Buchungszeitraum wird der höchste Preis verlangt. Bei dieser Buchungsklasse besteht der längste Zeitraum, diese aus Kundensicht in Anspruch zu nehmen. Nach und nach werden die Preise gesenkt, wobei die Kapazität bestmöglich ausgelastet wird. Sollten die Kapazitäten nicht rechtzeitig ausgelastet werden, muss durch Preissenkungen Anreiz geschaffen werden, die Dienstleistung in Anspruch zu nehmen.

Schritte	1	2	3	4	5
Buchungsklasse	Nachfragezuteilung	Kapazitätsrang	Preise	Zeitlicher Preisrang	Tageseinteilung
1	11	8	120 €	8	**12**
2	11	7	116 €	7	10
3	6	1	24 €	1	1
4	10	4	109 €	4	6
5	11	6	115 €	6	9
6	10	3	89 €	3	4
7	32	10	200 €	10	15
8	9	2	70 €	2	3
9	11	9	121 €	9	13
10	10	5	111 €	5	7
Gesamt	120			55	80

Die Tabelle zeigt erneut die Buchungsklasse und deren Nachfragezuteilung. Im Kapazitätsrang wurde die Nachfragezuteilung aufsteigend geordnet. Die Preise werden nun im zeitlichen Preisrang aufsteigend geordnet und summiert. Die Schritte werden zur Orientierung vorgeben.

Die folgende Formel soll helfen, eine optimale Verteilung der Tage vorzunehmen. In diesem Fall werden 80 Tage vorausgesetzt.

$$\text{Tageseinteilung} = \text{Gesamttage}*\left(\frac{\text{Zeitlicher Preisrang}}{\sum \text{Zeitlicher Preisrang}}\right)$$

80*(8/55) = 11,6, aufgerundet = 12

Das Ergebnis zeigt: Die Buchungsklasse 1, die man für einen Preis von 120 Euro in Anspruch nehmen kann, sollte genau 12 von 80 Tagen angeboten werden, bis die Kapazität ertragsoptimal ausgelastet ist.

6	7	8	9	10	11	12
Klasse	Preis	Kapazitätseinheit	Tage	Kumuliert	In Prozent	Kumuliert
3	24 €	6	1	80	1,25%	100,00%
8	70 €	9	3	79	3,75%	98,75%
6	89 €	10	4	76	5,00%	95,00%
4	109 €	10	6	72	7,50%	90,00%
10	111 €	10	7	66	8,75%	82,50%
5	115 €	11	9	59	11,25%	73,75%
2	116 €	11	10	50	12,50%	62,50%
1	120 €	11	12	40	15,00%	50,00%
9	121 €	11	13	28	16,25%	35,00%
7	200 €	32	15	15	18,75%	18,75%
		120	80	565	100,00%	1

In Schritt 6 und Schritt 7 müssen jeweils die Buchungsklassen nach Preisen geordnet werden. Die Kapazitätseinheit muss von der vorherigen übernommen und aufsteigend nach Tagen geordnet werden.

Das Ergebnis der Operation ist, dass die Buchungsklasse 7 genau 15 Tage für einen Preis von 200 Euro geöffnet ist. Sobald diese Kapazitätseinheit belegt ist, wird der Preis auf 121 Euro gesenkt, und zwar für einen Zeitraum von 13 Tagen. Setzt man die Schritte 10 und 11 in ein prozentuales Verhältnis, erkennt man, dass der höchste Preis einen Anteil von 18% an allen Preisen ausmacht. Kumuliert man die prozentualen Werte, erkennt man, dass die Buchungsklassen 1, 9 und 7 fast 50% der Gesamtpreisepotenziale beanspruchen.

-	13	14	15	16
Buchungsklasse	Umsatz	Kumuliert	In Prozent	Kumuliert
3	144 €	15.387 €	0,93%	100,00%
8	615 €	15.243 €	4,00%	99,07%
6	855 €	14.628 €	5,56%	95,07%
4	1.126 €	13.773 €	7,32%	89,51%
10	1.154 €	12.647 €	7,50%	82,19%
5	1.211 €	11.492 €	7,87%	74,69%
2	1.225 €	10.282 €	7,96%	66,82%
1	1.282 €	9.057 €	8,33%	58,86%
9	1.297 €	7.774 €	8,43%	50,52%
7	6.478 €	6.478 €	42,10%	42,10%
0	15.387 €	-	100,00%	-

Durch die Formel

Umsatz = Preis der Buchungsklasse*Kapazitätsaufteilung

und die daraus folgende Errechnung des prozentualen Verhältnisses erkennt man auch hier, dass in 40 Tagen ein Umsatz von 58,86% erwirtschaftet wird.

9. (H+P) Financial Tourism Model

In diesem Kapitel wird ein Finanzmodell zur Begleichung einer Reisepreisforderung vorgestellt, die seitens des Kunden über mehrere Monate abbezahlt wird.

Dieses Modell ist nach folgendem Schema aufgebaut:

1. Einen Anteil von 50% des Gesamtreisepreises ermitteln.
2. Den Prozentsatz berechnen.
3. Monatliche Grundgebühr ermitteln.
4. Den Anfangsbetrag mit dem berechneten Prozentsatz verrechnen.
5. Rate mit der Restschuld multiplizieren.
6. Das (H+P) Financial Tourism Model aufstellen.

Abgesehen davon gibt es die Möglichkeit, sich eine zusätzliche Optimierung des Modells anzuschauen.

Das Produktmanagement des Reiseveranstalters XV-Travel hat mehrere Kundenanfragen erhalten, die darum bitten, die Bezahlung von Reisen auf Ziel zu ermöglichen.

Der Leiter des Produktmanagements schildert der Controlling-Abteilung, die das Problem genauer untersuchen wird, diesen Kundenwunsch.

Der Wunsch der Kunden ist es, den Zahlungspreis, inbegriffen einer Vorauszahlung, monatlich in Raten abzubezahlen, ohne dass sich der Reisepreis verteuert. Die Yield-Management-Abteilung befasst sich mit der Lösung des vorliegenden Problems.

Beispiel:

Name des Kunden:	Schmidt
Pauschalreise:	Best of Malediven
Dauer:	20 Tage
Gesamtreisepreis:	5.000 Euro
Zahlungsziel:	5 Monate
Anzahl der Personen:	2

Angaben sind in Euro. Die Zahlungsrate mit gleichen Zinsen soll, wie bereits erwähnt, monatlich entrichtet werden.

Die Berechnung geht auf den Gedanken des Rentenbarwertfaktors zurück.

Formel:

Anfangskapital*((Zinsfaktor^Laufzeit*(Zinsfaktor-1))/((Zinsfaktor^ Laufzeit)-1)

Die Umstellung der Formel auf den Zinsfaktor kann mathematisch nicht erfolgen, da die gesuchte Komponente bzw. der Zinsfaktor mehrfach positioniert ist.

Das Modell ist folgendermaßen aufgebaut.

1. Einen Anteil von 50% des Gesamtreisepreises ermitteln

Der Gesamtreisepreis beträgt 5.000 Euro. Generell sollten 50% als Anzahlung ausgemacht werden.

Diese beträgt 2.500 Euro.

2. Den Prozentsatz berechnen.

Die Formel zur Ermittlung des Tilgungssatzes (um den Reisepreis zu tilgen) ist wie folgt aufgebaut.

P = (1-((Reisepreis/((50% des Reisepreises))^(1/Zahlungsziel)))*100

P = (1-(5.000/2.500)^(1/5))*100

P = 0,1294*100

P = 12,94

i = (P/100)

i = 0,1294

3. Monatliche Grundgebühr ermitteln.

Nach der Ermittlung des Prozentsatzes müssen die Grundgebühren errechnet werden.

Dieser Vorgang geschieht auf Monatsbasis und berechnet sich nach folgender Formel:

(50% des Reisepreises)/(Anzahl der Monate) = Grundgebühr auf monatlicher Basis

(2.500/5) = 500

Nachdem die Grundgebühr kalkuliert worden ist, muss ein Tilgungsplan aufgestellt werden. Dabei ist zu beachten, dass im ersten Monat die Rate anders zu berechnen ist als in den folgenden Tilgungsmonaten.

4. Den Anfangsbetrag mit dem berechneten Prozentsatz verrechnen.

Monat	Nettorate	Restschuld	Grundgebühr
1	647,25 €	4.352,75 €	500,00 €

Berechnung für den ersten Monat:

Nettorate für den ersten Monat = (Prozentsatz/100)*Gesamtreisepreis = 0,1294494*5000

Ergebnis = 647,2 Euro

5. Rate mit der Restschuld multiplizieren.

Die Restschuld errechnet sich wie folgt:

Restschuld = Gesamtreisepreis-Nettorate

Restschuld = 5.000-647,25

Ergebnis = 4.352,75

Die Bruttorate ergibt sich wie folgt:

Nettorate+monatliche Grundgebühr = Bruttorate

647,25+500,00 = 1147,25

Für die Berechnung der im zweiten Monat anfallenden Rate gibt es eine Veränderung:

Monat	Nettorate	Restschuld	Grundgebühr	Bruttorate
1	647,25 €	4.352,75 €	500,00 €	1.147,25 €
2	563,46 €	**3.789,29 €**	500,00 €	1.063,46 €

Sobald die Zahlung im zweiten Monat fällig ist, wird die Restschuld vom vorigen Monat mit (Prozentsatz/100) multipliziert.

Restschuld Monat 2 = Restschuld des Monats 1*(Prozentsatz/100)

Restschuld Monat 2 = 4.352,75*(12,94494/100)

Ergebnis = **3.789,29 Euro**

Nun wird die Berechnung für jede Zeile bis zum fünften Monat durchgeführt. Daraufhin erhält man folgendes Modell:

6. Das (H+P) Financial Tourism Model aufstellen.

Monat	Nettorate	Restschuld	Grundgebühr	Bruttorate
1	647,25 €	4.352,75 €	500,00 €	1.147,25 €
2	563,46 €	3.789,29 €	500,00 €	1.063,46 €
3	490,52 €	3.298,77 €	500,00 €	990,52 €
4	427,02 €	2.871,75 €	500,00 €	927,02 €
5	371,75 €	2.500,00 €	500,00 €	871,75 €
Gesamt	2.500,00 €		2.500,00 €	**5.000,00 €**

Das Ergebnis beweist eindeutig, dass es möglich ist, durch Errechnung eines Prozentsatzes einen Tilgungsplan auszuarbeiten, der bis zum letzten Cent den Schuldbetrag tilgt.

Auch bei diesem Modell kann eine Optimierung vorgenommen werden.

Dies gestaltet sich so, dass die vom Kunden gezahlten Grundgebühren separat angelegt werden, um ein Profitieren von zusätzlichen Zinserträgen während der Laufzeit zu ermöglichen.

Folgendes wird bildlich dargestellt:

Monat	Grundgebühren	Alternativanlage	Aufzinsungsmonate
1	500,00 €	520,30 €	4
2	500,00 €	515,15 €	3
3	500,00 €	510,05 €	2
4	500,00 €	505,00 €	1
5	500,00 €	500,00 €	0
Gesamt	2.500,00 €	2.550,50 €	

Die Grundgebühren werden separat aufgestellt. Die Alternativanlage hat einen Zinssatz von einem Prozent.

Hierfür wird der Zinsfaktor benötigt.

$q = 1{,}01$

Die Gesamtanzahl der Monate beträgt fünf. Die Aufzinsungsmonate ergeben sich durch folgende Formel:

Gesamtanzahl der Monate-aktueller Monat = Aufzinsungsmonate

5-1 = 4

Mit der Anzahl der Aufzinsungsmonate ist die Laufzeit ermittelt worden, die mit den Grundgebühren multipliziert wird.

Grundgebühr*Zinsfaktor^(Aufzinsungsmonate-aktueller Monat) = Zusätzlicher Zinsertrag

500,00*1,01^(5-1) = 520,30

Die nachfolgende Tabelle zeigt den zusätzlichen Zinsertrag pro Jahr. Es stellt sich heraus, dass er im ersten Monat am größten ist. Dies ist damit zu begründen, dass die Laufzeit am längsten ist.

Monate	Zinsertrag	Prozent
1	20,30 €	40,20%
2	15,15 €	30,00%
3	10,05 €	19,90%
4	5,00 €	9,90%
5	0,00 €	0,00%
Gesamt	50,50 €	100,00%

Insgesamt hat sich der Gesamtzinsertrag um 50,50 Euro vermehrt. Dieser Wert entspricht einem prozentualen Vermehrungsanteil von 1,98%.

Berechnung:

2.500 - 100%

2.550,50 - x

x = ((2.550,50*100)/2.500)-100

x = 1,98%

10. (H+P) Process-Management

Im fünften Kapitel wird anhand eines Beispiels das Process-Modell dargestellt, mit welchem der Umsatz von mehrstufigen Prozessen, die über mehrere Perioden laufen, ermittelt werden kann.

Dazu folgendes Anwendungsbeispiel:

Das Produktmanagement des Reiseveranstalters XV-Travel hat unten dargelegten Auslastungsplan aufgestellt.

Die Saison verläuft von Mai bis Juli, also genau drei Monate. Der Veranstalter hat drei Kundengruppen:

- Jugendliche
- Erwachsene
- Rentner

Eine Aufstellung der einzelnen Prozesse, die zur Ermittlung des Umsatzes führen, zeigt die folgende Tabelle.

Prozessnummer	Prozessname
1	Hinflug
2	Transfer
3	Hotelaufenthalt
4	Rücktransfer
5	Rückflug

Die Angaben erfolgen jeweils in Euro.

Preis für die Prozesse:

Preise	Prozess 1	Prozess 2	Prozess 3	Prozess 4	Prozess 5
	Hinflug	Transfer	Hotelaufenthalt	Rücktransfer	Rückflug
Jugend	50 €	10 €	150 €	10 €	40 €
Erwachsene	100 €	10 €	250 €	10 €	100 €
Rentner	60 €	10 €	100 €	10 €	60 €

Folgende Buchungszahlen sind vorgegeben:

	Kundengruppe		
Periode	Jugend	Erwachsene	Rentner
1	10	100	12
2	20	200	130
3	30	300	140

Es ist ein komplexes Vorhaben, ohne eine Gesamtübersicht die einzelnen gestaffelten Umsätze und damit den Gesamtumsatz zu ermitteln. Das Produktmanagement behilft sich mit der Berechnung der Multiplikation einer Matrix.

Nun wird das Vorhaben tabellarisch dargestellt.

Prozesse	Prozess 1	Prozess 2	Prozess 3	Prozess 4	Prozess 5
Leistungen	Hinflug	Transfer	Hotelaufent-halt	Rücktrans-fer	Rückflug
Preise Jugend	A 20	A 22	A 23	A 24	A 25
Preise Erwachse-ne	B 20	B 22	A 23	A 24	A 25
Preise Rentner	C 20	C 22	A 23	A 24	A 25

D 1	D 4	D 7	D 10	D 13
D 2	D 5	D 8	D 11	D 14
D 3	D 6	D 9	D 12	D 15

Periode	Jugend	Erwachsene	Rentner
1	A 1	B 1	C 1
2	A 11	B 11	C 11
3	A 12	B 12	C12

Prozess 1	Periode 1	
A 1	*	A 20
B 1	*	A 20
C 1	*	A 20
Summe	D 1	

Prozess 1	Periode 1	
A 11	*	B 20
B 11	*	B 20
C 11	*	B 20
Summe	D 2	

Prozess 1		
A 12	*	A 20
B 12	*	B 20
C12	*	C 20

Preise	Prozesse 1	Prozesse 2	Prozesse 3	Prozesse 4	Prozesse 5
	Hinflug	Transfer	Hotel-Aufenthalt	Rücktransfer	Rückflug
Jugend	50 €	10 €	150 €	10 €	40 €
Erwachsene	100 €	10 €	250 €	10 €	100 €
Rentner	60 €	10 €	100 €	10 €	60 €

Kunden							
Jugend	Erwachsene	Rentner					
10	100	12	11.220 €	1.220 €	27.700 €	1.220 €	11.120 €
20	200	130	28.800 €	3.500 €	66.000 €	3.500 €	28.600 €
30	300	140	39.900 €	4.700 €	93.500 €	4.700 €	39.600 €

Umsatz	79.920 €	9.420 €	187.200 €	9.420 €	79.320 €
Gesamt	365.280 €				

Abbildung 2: Prozesskostenkalkulation

Der Schritt sieht dann folgendermaßen aus:

(10*50 €)+(100*100 €)+(12*60 €) = 11.220 €

Setzt man diese Logik weiter fort, erhält man die oben erstellte Tabelle.

Der Reiseveranstalter macht einen Gesamtumsatz von 365.280 Euro.

11. (H+P) Break-Even-Analyse

Im letzten Teil wird die (H+P)-Break-Even-Analyse vorgestellt. Das Anwendungsbeispiel ist hier ein Busreiseveranstalter, der regelmäßig verschiedene Strecken durch ganz Deutschland bedient

Der Busunternehmer hat nicht das notwendige Know-how, um den Break-Even-Point zu ermitteln.

Natürlich stellt sich zuerst die Frage: Was ist der Break-Even-Point?

Der Break-Even-Point ist eine betriebswirtschaftliche Kennzahl und sagt aus, ab wann ein Unternehmen genau den Status von verkauften Produkten oder Dienstleistungen erreicht hat, bei dem kein Gewinn, aber auch kein Verlust erzielt wird.

Häufig wird in der Literatur bei der Ermittlung des Break-Even-Points behauptet, dass eine Aufteilung der fixen und variablen Kosten notwendig ist. In der Praxis ist solch eine Splittung jedoch ein mühsames Verfahren. Des Weiteren wird auch oft unterschieden in ein- und mehrartige Produkte.

Die (H+P)-Break-Even-Analyse geht von einem Unternehmen aus, das mehrere Produkte oder Dienstleistungen anbietet.

Folgende Daten sind gegeben:

Strecke	Nummer	Preise	Passagiere	Umsatz
Frankfurt-Köln	1	50 €	100	5.000 €
Frankfurt-Kassel	2	60 €	200	12.000 €
Frankfurt-Hannover	3	70 €	300	21.000 €
Frankfurt-Hamburg	4	80 €	400	32.000 €
			1000	70.000 €

Gesamtkosten	100.000 €

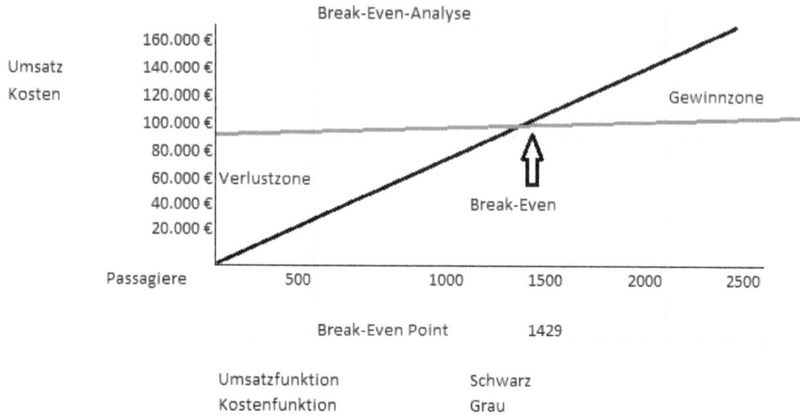

Abbildung 3: Break-Even-Point-Modell

Der Busreiseveranstalter transportiert genau 1.000 Passagiere pro Saison und hat Gesamtkosten von 100.000 Euro zu decken, bei einem Umsatz von 70.000 Euro.

Der Verlust beträgt demnach 30.000 Euro.

Der Busunternehmer muss nun ermitteln, wie viele Passagiere transportiert werden müssen, um den Break-Even-Point zu erreichen (ohne Veränderung der Preise in allen Klassen).

Folgende Formel bringt die Lösung:

((Verlustbetrag*100)/Umsatz) = Passagier-Mengenzuschlag

((30.000*100)/70.000) = 42,85%

Nun wird dieser Zuschlag auf die Menge der Passagieranzahl der einzelnen Strecken hinzumultipliziert.

Strecke	Nummer	Preise	Passagiere
Frankfurt-Köln	1	50 €	143
Frankfurt-Kassel	2	60 €	286
Frankfurt-Hannover	3	70 €	429
Frankfurt-Hamburg	4	80 €	571
Gesamt			1429

Berechnung:

Passagiere: 100*1,43 = 143

Umsatz: 143*50 € = 7.143 €

Das Ergebnis sagt aus, dass der Busreiseveranstalter genau 1.429 Passagiere auf den Strecken befördern muss, damit er die Gewinnschwelle erreichen kann.

Nachfrage	Break-Even-Point	in Prozent
100	143	42,86
200	286	42,86
300	429	42,86
400	571	42,86

Das Verhältnis zwischen der Nachfrage und dem Break-Even-Point zeigt sich in allen Strecken bei 42,68 Prozent.

Nun ist zu überlegen, wie der Break-Even-Point zu ermitteln ist, wenn ein Engpass vorliegt. Die Passagieranzahl und der Preis der Strecken 2-4 müssen konstant bleiben und dürfen nicht verändert werden.

Nummer	Strecke	Preise	Passagiere	Umsatz
2	Frankfurt-Kassel	60 €	200	12.000 €
3	Frankfurt-Hannover	70 €	300	21.000 €
4	Frankfurt-Hamburg	80 €	400	32.000 €
				65.000 €

Zur Ermittlung der Differenz muss als erstes der Umsatz der letzten drei Strecken addiert werden.

12.000 €+21.000 €+32.000 € = 65.000 €

Die Gesamtkosten betragen 100.000 Euro. Die Differenz beträgt somit 35.000 Euro.

Nun dividiert man den Differenzbetrag durch den Preis der betroffenen Strecke.

(Differenz/Preis der betroffenen Strecke) = Break-Even-Passagiermenge

(35.000 €/50 €) = 700 Passagiere

Strecke	Preise	Passagiere	Umsatz
Frankfurt-Köln	50 €	700	35.000 €
Frankfurt-Kassel	60 €	200	12.000 €
Frankfurt-Hannover	70 €	300	21.000 €
Frankfurt-Hamburg	80 €	400	32.000 €
Gesamt		1600	100.000 €

Durch die Berechnung „Preis multipliziert mit dem Umsatz" erhält man den Break-Even-Point.

12. Fazit

Das Werk hat eine kleine Einführung in verschiedene Modelle zur Preisgestaltung gegeben. KAPAZ ist ein System, das versucht, unter bestimmten Restriktionen durch eine einzige Entscheidung die Folgeentscheidungen bis zum Ziel abzunehmen.

Es umfasst ein Konzept, das den Gedanken erspart, wie der Preis für die einzelnen Tarife am besten verteilt werden muss. Es bietet die Möglichkeit, dass durch eigene Preisbestimmung das aktuelle Marktpreisniveau und die kalkulatorischen Kosten berücksichtigt werden können.

Durch den Aufbau einer klaren Struktur zeigt dieses Konzept zudem einen Weg auf, um komplexe Preisaufstellungen zu vermeiden.

13. Übungen

13.1 Übungen zum Thema Uno Optimum

Aufgabe A

A 1

Ein Hotel weist drei Zimmerkategorien vor und hat folgendes Gästekontingent von Reiseveranstaltern für die kommende Saison zu vergeben:

- First 30 Gäste
- Superior 150 Gäste
- Tourist 200 Gäste

Der in der Saison zu erwirtschaftende Umsatz beträgt 300.000 Euro.

A 1 a)

Zu welchem Preis soll der Hotelier kalkulieren?

Bedingung ist, dass die Preise zwischen Superior und First nicht zu nah beieinander liegen dürfen.

A 1 b)

Nach einiger Zeit erhält der Hotelier die Nachricht, dass die Kontingente nicht voll ausgelastet sind.

- First 20 Gäste
- Superior 90 Gäste
- Tourist 110 Gäste

Inwiefern ändert sich der Preis der einzelnen Klassen?

Aufgabe A 2

Einem Reiseveranstalter liegen folgende Daten vor.

Flug: Frankfurt-Singapur

Sitzplätze	Anzahl
First-Class	10
Business-Class	100
Economy-Class	300

Geforderter Umsatz	100.000 Euro

A 2 a)

Berechnen Sie nach dem KAPAZ-System die einzelnen Preise pro Klasse.

A 2 b)

Wieviel Prozent beträgt die Preiserhöhung aller Klassen?

Aufgabe A 3

Eine Fluggesellschaft hat für einen Flug folgende Daten.

Sitzplätze	Passagiere
First-Class	10
Business-Class	100
Economy-Class	300

Geforderter Umsatz 400.000 Euro.

A 3 a)

Wie sehen die einzelnen Preise pro Klasse aus?

A 3 b)

Eine Preiserhöhung von 100% ist rechtlich nicht durchsetzbar. Trifft dieser Fall zu?

Die Auslastungstabelle ergibt Folgendes:

Auslastung
9
10
200

Aufgabe A 4

Einem Reiseveranstalter liegen folgende Buchungsdaten vor.

Sitzplätze	Passagiere	Auslastung
First-Class	5	4
Business-Class	10	10
Economy-Class	40	30
Gesamt	55	44

Geforderter Umsatz 50.000 Euro

A 4 a)

Wie hoch ist der First-Class-Preis bei voller Auslastung, wenn in der Kalkulation von einer Differenz von 80% ausgegangen wird?

A 4 b)

Wie hoch ist der First-Class-Preis unter denselben Bedingungen in a), wenn keine volle Auslastung erzielt worden ist?

A 4 c)

Wie hoch ist die allgemeine Preiserhöhung aller Klassen?

Aufgabe A 5

Ein Kreuzfahrtunternehmen hat für die Pauschalreise „Mittelmeer Spezial" folgende gebuchte Auslastung.

Klasse	Passagiere
First	50
Standard	150
Tourism	200

Geforderter Umsatz beträgt 100.000 Euro.

A 5 a)

Welche Klasse erwirtschaftet prozentual den höchsten Umsatz?

Aufgabe A 6

Ein Busreiseveranstalter bietet drei verschiedene Touren an und möchte für die kommende Saison folgendes Kontingent anbieten:

Touren	Sitzplätze
Luxus Nature Tour	10
Superior Nature Tour	15
Tourist Safari Tour	55
Gesamt	80
Geforderter Umsatz	60.000 Euro

A 6 a)

Wie sieht die optimale Preisgestaltung der drei Klassen aus?

Aufgabe A 7

Ein Ziel einer Airline ist es, auf einer Flugstrecke einen Gesamtumsatz von 500.000 Euro zu erwirtschaften.

Folgende Buchungssituation liegt vor.

Klasse	Passagiere
First-Class	50
Business-Class	100
Economy-Class	150

Geforderter Umsatz 500.000 €

Die tatsächliche Auslastung sieht folgendermaßen aus.

Klasse	Auslastung
First-Class	30
Business-Class	80
Economy-Class	149

A 7 a)

Das Management möchte wissen, wie hoch die Preisdifferenz zur First-Class ist, unter der Berücksichtigung einer nicht erreichten Auslastung.

13.2 Übungen zum Thema Duo Optimum

Aufgabe B 1

Einem Kreuzfahrtreiseveranstalter liegen folgende Daten vor.

Das Management verlangt einen Gesamtumsatz von:

	First	Tourism	Low-Budget
Tarif 1	100	1000	2000
Tarif 2	5	1	7
Tarif 3	4	5	6
Tarif 4	3	4	5
Gesamt	112	1.010	2.018

Geforderter Umsatz: 2.000.000 Euro.

Gesamtanzahl: 3.140 Passagiere

B 1 a)

Zu welchem Preis soll der Veranstalter bei Kreuzfahrtreisen kalkulieren?

Bedingung ist, dass die Preise zwischen Superior und First nicht zu nah beieinander liegen dürfen.

B 1 b)

Welcher Tarif erzeugt den höchsten Umsatz?

B 1 c)

Leider wurde in der nächsten Saison nicht die volle Auslastung erreicht:

Tarife	First	Tourism	Low-Budget
Tarif 1	90	400	1.900
Tarif 2	4	5	4
Tarif 3	2	2	3
Tarif 4	2	3	1
Summe	98	**410**	**1.908**
Gesamt	2.416		

Inwiefern ändert sich der Preis der einzelnen Klassen?

Aufgabe B 2

Ein Zugreiseveranstalter, der auf Abenteuerreisen in Afrika spezialisiert ist, hat folgende Routen:

1. Mombasa-Kapstadt ⟶ für First-Class-Kunden
2. Mombasa-Maputo ⟶ für Kunden der Tourism-Class
3. Mombasa-Nairobi ⟶ für Low-Budget-Kunden

Tarife	First	Tourism	Low-Budget
Tarif 1	10	90	100
Tarif 2	6	60	7
Tarif 3	4	40	6
Tarif 4	2	20	4
Gesamt	22	210	117

Geforderter Umsatz: 300.000 Euro

Gesamt: 349 Passagiere

B 2 a)

Wie sieht die optimale Preisgestaltung der drei Klassen aus?

B 2 b)

Das Management möchte wissen, welcher Tarif den günstigsten Preis hat.

B 2 c)

Welcher Tarif erzeugt den meisten Umsatz?

Aufgabe B 3

Einem Reiseveranstalter liegen folgende Daten vor:

Flug: Frankfurt-Singapur

Tarife	First-Class	Business-Class	Economy-Class
Tarif 1	20	100	200
Tarif 2	5	1	10
Tarif 3	4	6	5
Tarif 4	3	8	2
Gesamt	32	115	217

Geforderter Umsatz: 400.000 Euro

B 3 a)

Berechnen Sie nach dem KAPAZ-System die einzelnen Preise pro Klasse.

B 3 b)

Bitte stellen Sie eine Umsatz-Prozent-Tafel auf.

Aufgabe B 4

Einer Fluglinie liegen folgende Daten vor:

Tarife	First-Class	Business-Class	Economy-Class
Tarif 1	20	90	250
Tarif 2	5	10	3
Tarif 3	4	4	2
Tarif 4	3	3	1
Gesamt	32	107	256

Geforderter Umsatz: 500.000 Euro

B 4 a)

Wie viel Umsatz in Prozent erwirtschaftet der Tarif 1 in der First-Class bei einer vollen Auslastung?

Aufgabe B 5

Ein Kreuzfahrtunternehmen hat folgende Buchungen vorliegen.

Tarife	First-Class	Business-Class	Economy-Class
Tarif 1	10	90	250
Tarif 2	6	70	3
Tarif 3	5	2	2
Tarif 4	2	1	1
Gesamt	23	163	256

Geforderter Umsatz: 600.000 Euro

B 5 a)

Wie sehen die einzelnen Preise der Tarife aus?

13.3 Übungen zum (H+P) Financial Tourism Model

Aufgabe C 1

Einem Reiseveranstalter liegen folgende Daten vor:

Name des Kunden: Maier

Pauschalreise: Best of Miami

Dauer: 40 Tage

Gesamtreisepreis: 8.000 Euro

Zahlungsziel: 5 Monate

C 1 a)

Bitte stellen Sie einen Tilgungsplan nach dem (H+P) Financial Tourism Model auf.

Aufgabe C 2

Einem Reiseveranstalter liegen folgende Daten vor.

Name des Kunden: Toni

Pauschalreise: Best of Malta

Dauer: 20 Tage

Gesamtreisepreis: 12.000 Euro

Zahlungsziel: 5 Monate

C 2 a)

Bitte stellen Sie auch hier einen Tilgungsplan nach dem (H+P) Financial Tourism Model auf.

Aufgabe C 3

Einem Reiseveranstalter liegen folgende Daten vor:

Name des Kunden: Peter

Pauschalreise: Best of Kenya

Dauer: 22 Tage

Gesamtreisepreis: 10.000 Euro

Zahlungsziel: 5 Monate

C 3 a)

Bitte stellen Sie auch hier einen Tilgungsplan nach dem (H+P) Financial Tourism Model auf.

13.4 Übungen zur (H+P) Break-Even-Analyse

Aufgabe D 1

Ein Busreiseveranstalter hat folgenden Fahrplan und Kosten zu decken.

Strecke	Nummer	Preise	Passagiere	Umsatz
Frankfurt-Köln	1	100 €	300	30.000 €
Frankfurt-Kassel	2	300 €	200	60.000 €
Frankfurt-Hannover	3	500 €	300	150.000 €
Frankfurt- Hamburg	4	200 €	400	80.000 €
Gesamt			1200	320.000 €

Gesamtkosten betragen 500.000 Euro

D 1 a)

Bei welcher Anzahl an Passagieren erreicht der Busunternehmer den Break-Even-Point?

D 1 b)

Wie verändern sich die Preise der ersten Transportstrecke unter der Voraussetzung, dass die anderen Preise pro Transportstrecke nicht modifiziert werden dürfen?

Aufgabe D 2

Eine Linienschiffgesellschaft befährt die im Folgenden angegeben Routen. Die Reservierungen betragen genau 4.400 Passagiere für die jeweilige Fahrt. Die Gesamtkosten betragen genau 2.000 Euro.

D 2 a)

Ab welcher Passagiermenge ist der Break-Even-Point erreicht?

Strecke	Nummer	Preise	Passagiere	Umsatz
Southampton-New York	1	350 €	1000	350.000 €
Southampton-Mombasa	2	450 €	1100	495.000 €
Southampton-Istanbul	3	250 €	1400	350.000 €
Southampton-Palma	4	340 €	900	306.000 €
Gesamt			4400	1.501.000 €

Aufgabe D 3

Ein Zugreiseveranstalter für den afrikanischen Kontinent hat folgende Kalkulation vorliegen.

Strecke	Nummer	Preise	Passagiere	Umsatz
Tanger-Kapstadt	1	2.500 €	100	250.000 €
Kairo-Pretoria	2	2.000 €	200	400.000 €
Casablanca-Nairobi	3	1.500 €	300	450.000 €
Windhuk-Monrovia	4	1.700 €	400	680.000 €
Gesamt			1000	1.780.000 €

Gesamtkosten: 2.000.000 €

D 3 a)

Ab welcher Passagiermenge ist der Break-Even-Point erreicht?

D 3 b)

Wie hoch muss die Nachfrage steigen, damit der Break-Even-Point erreicht werden kann?

D 4 Eine Aufgabe für Spezialisten

Bei einem deutschen Reiseveranstalter sind folgende Buchungszahlen vorhanden. Das Management möchte sich gegen steigende Preise absichern, da sonst ein Verlust erwirtschaftet werden könnte.

Strecke	Nummer	Preise	Passagiere	Umsatz
Deutschland	1	150 €	100	15.000 €
Frankreich	2	200 €	200	40.000 €
Polen	3	300 €	300	90.000 €
Italien	4	400 €	400	160.000 €
Gesamt			1000	305.000 €

Gesamtkosten: 500.000 €

D 4 a)

Ab welcher Passagiermenge ist der Break-Even-Point erreicht?

D 4 b)

Wie viele Passagiere muss der Reiseveranstalter unter der Berücksichtigung eines Preisanstieges von 5% transportieren?

D 4 c)

Warum ist die Break-Even-Menge heruntergegangen? Welche Strategie wäre am besten, um den Break-Even-Point zu erreichen?

13.5 Übungen zum (H+P) Different Pricing

Aufgabe E

E 1

Eine asiatische Fluggesellschaft braucht für einen Economy Tarif eine gewinnoptimale Preisplanung für einen Zeitraum von zehn Monaten.

E 1 a)

Nehmen Sie eine Preisgestaltung nach dem (H+P) Different Pricing vor.

Zielumsatz	150.000 €
Kapazitäten	150
Bidpreis	440 €
Absolute Auslastung	150

Die Kapazität ist folgendermaßen aufgeteilt:

Zeitraum	Aufteilung
1	3
2	5
3	8
4	11
5	14
6	16
7	19
8	22
9	25
10	27

Aufgabe E 2

In diesem Fall muss die asiatische Airline mit einer vollbesetzten Auslastung der Kapazitäten planen.

E 2 a)

Nehmen Sie eine Preisgestaltung nach dem (H+P) Different Pricing unter der Berücksichtigung der fehlenden Gesamtauslastung vor.

E 2 b)

Wie hoch ist die absolute und relative Preisspanne?

Zielumsatz	150.000 €
Kapazitäten	150
Bidpreis	440 €
Absolute Auslastung	100

Aufgabe E 3

Ein deutscher Reiseveranstalter plant den Verkauf einer Pauschalreise mit Übernachtung in Worms. Der Mindestpreis, der verlangt werden muss, beträgt 400 Euro.

Zielumsatz	200.000 €
Kapazitäten	250
Bidpreis	400 €
Absolute Auslastung	200

Zeitraum	Aufteilung
1	4
2	7
3	11
4	15
5	18
6	22
7	25
8	29
9	33
10	36
Summe	200

E 3 a)

Nehmen Sie eine Preisgestaltung nach dem (H+P) Different Pricing vor.

13.6 Übungen zum (H+P) Dynamic Pricing

Aufgabe F 1

Bei einem Reiseveranstalter werden verschiedene Preisstrategien ermittelt, um das Marktpreispotenzial gewinnorientiert nutzen zu können.

Zeitraum	10
Operativer Umsatz	400.000 €
Break-Even-Umsatz	150.000 €
Zinssatz	10
Kapazität	500
Ermittelter Bidpreis	

Periode	Einteilung
1	9
2	18
3	27
4	36
5	45
6	55
7	64
8	73
9	82
10	91
Summe	500

Die Einteilung ist in der Tabelle vorgegeben.

F 1 a)

Stellen Sie eine modifizierte Preisgestaltung gemäß eines Annuitätenplans nach dem (H+P) Dynamic Pricing auf.

F 1 b)

Wie hoch ist der Gesamtumsatz nach der 1. Preisoptimierung?

Aufgabe F 2

Ein Reiseunternehmen hat folgenden Fall zu meistern.

Zeitraum	10
Operativer Umsatz	600.000 €
Break-Even-Umsatz	450.000 €
Kapazität	600
Ermittelter Bidpreis	300 €

Die Einteilung der periodischen Plankapazitäten wird in der nächsten Tabelle dargestellt.

Periode	Einteilung
1	11
2	22
3	33
4	44
5	55
6	65
7	76
8	87
9	98
10	109
Summe	600

F 2 a)

Stellen Sie eine modifizierte Preisgestaltung nach dem (H+P) Dynamic Pricing auf.

Periode	Einteilung	Zielverkaufspreis	Zielumsatz
1	11	793 €	8.648 €
2	22	818 €	17.843 €
3	33	845 €	27.667 €
4	44	876 €	38.212 €
5	55	909 €	49.590 €
6	65	946 €	61.927 €
7	76	987 €	75.375 €
8	87	1.032 €	90.108 €
9	98	1.083 €	106.334 €
10	109	1.139 €	124.295 €
Summe	600	9.429 €	600.000 €

F 2 b)

Wie hoch ist die Preisspanne?

Aufgabe F 3

Zeitraum	10
Operativer Umsatz	100.000 €
Break-Even-Umsatz	50.000 €
Zinssatz	1
Kapazität	250
Ermittelter Bidpreis	200 €

Periode	Einteilung
1	5
2	9
3	14
4	18
5	23
6	27
7	32
8	36
9	41
10	45
Summe	250

F 3 a)

Stellen Sie eine modifizierte Preisgestaltung gemäß eines Annuitätenplans nach dem (H+P) Dynamic Pricing auf.

13.7 Übungen zum (H+P) Degressive Pricing

Aufgabe G 1

Ein Fünf-Sterne-Hotel auf der Insel Reunion im Indischen Ozean plant eine periodische Preisgestaltung, um die Kapazitäten gewinnoptimal verkaufen zu können.

Kapazität	1000
Monate im Voraus	10
Bidpreis	5.000 €

G 1 a)

Wie hoch ist der Endpreis, und wie sehen die einzelnen prozentualen Preissteigerungen aus?

G 1 b)

Wie hoch ist die

- Absolute Preisspanne?
- Relative Preisspanne?
- Durchschnittliche Preisspanne?
- Relative durchschnittliche Preisspanne?

G 1 c)

Die Reservierungsabteilung meldet in der Hälfte der Gesamtdauer, dass das luxuriöse Hotel bis auf das letzte Zimmer ausgelastet ist. Pro Periode sind 200 Reservierungen eingegangen.

Wie hoch ist der Gesamtumsatz?

G 1 d)

Stellen Sie ein Best-Case-Szenario auf.

Aufgabe G 2

Eine Revenue-Management-Abteilung einer touristischen Zielgebietsorganisation will den Umsatz einer Ferieninsel maximieren. Die Erstellung eines Umsatzszenarios soll die bestmögliche Übernachtungsanzahl bestätigen.

Die Daten werden präsentiert.

Kapazität	130
Vorausplanungszeitraum (in Monaten)	10
Bidpreis	450 €

G 2 a)

Wie hoch ist der Endpreis, und wie sehen die einzelnen prozentualen und die durchschnittlichen Preissteigerungen aus?

G 2 b)

Wie hoch ist die

- Absolute Preisspanne?
- Relative Preisspanne?
- Durchschnittliche Preisspanne?
- Relative durchschnittliche Preisspanne?

G 2 c)

Wie hoch ist der Umsatz bei 7, 14 und 21 Übernachtungen pro Person?

Aufgabe G 3

Eine Fluggesellschaft ermittelt für die Strecke Frankfurt/Main-Paris einen Bidpreis von 500 Euro.

Kapazität	200
Monate im Voraus	10
Bidpreis	500 €

G 3 a)

Wie hoch ist der Endpreis und wie sehen einzelnen prozentualen Preissteigerung aus?

G 3 b)

Wie sehen die Preise und Umsätze aus, wenn die Kapazitäten in der Hälfte der Planungsperiode bereits zu 100 Prozent ausgelastet sind? Die Kapazitätseinteilung liegt bei 20 pro Periode.

13.8 Übungen zur (H+P) Revenue and Capacity Optimisation

Aufgabe H 1

Eine Fluggesellschaft erstellte für eine Langstrecke ein Tarifsystem mit verschiedenen marktorientierten Preisen. Nach den Gesetzen des Revenue Managements sollen Kapazitäten zeitlich dimensioniert und ertragsorientiert ausgelastet werden.

Kapazität	120
Niedrigster Preis	50 €
Vorausbuchungszeitraum	360
Höchster Preis	430 €

Die Tabelle zeigt, dass Kunden die Möglichkeit haben, 360 Tage im Voraus zu buchen. Die Preise für die Tarife müssen somit je nach der Kapazitätseinteilung gewinnoptimal eingeteilt werden.

Buchungsklasse	Preise
1	121 €
2	110 €
3	210 €
4	60 €
5	50 €
6	80 €
7	250 €
8	340 €
9	430 €
10	111 €

H 1 a)

Wie sieht die ertragsoptimale Kapazitätseinteilung aus?

H 1 b)

Wie hoch ist der Gesamtumsatz?

H 1 c)

Welche Buchungsklasse erwirtschaftet den höchsten Umsatz in Prozent?

Aufgabe H 2

Ein Reiseveranstalter hat für die kommende Sommersaison eine Preistarifliste erstellt und bittet das hauseigene Revenue Management, eine gewinnoptimale Kapazitätseinteilung vorzunehmen.

Buchungsklasse	Preise
1	1.201 €
2	1.215 €
3	3.291 €
4	1.500 €
5	600 €
6	500 €
7	1.900 €
8	1.400 €
9	1.300 €
10	1.100 €

Kapazität	200
Niedrigster Preis	500 €
Vorausbuchungszeitraum	50
Höchster Preis	3.291 €

H 2 a)

Wie sieht die ertragsoptimale Kapazitätseinteilung aus?

H 2 b)

Wie hoch ist der Gesamtumsatz?

Aufgabe H 3

Eine Fluggesellschaft hat folgende Kapazitäten ertragsoptimal nach den gegebenen Preisen auszulasten.

Buchungsklasse	Preise
1	1.500 €
2	1.450 €
3	1.200 €
4	1.000 €
5	1.100 €
6	1.050 €
7	899 €
8	3.021 €
9	1.900 €
10	1.800 €

Niedrigster Preis	899 €
Vorausbuchungszeitraum	150
Größter Preis	3.021 €

H 3 a)

Wie sieht die ertragsoptimale Kapazitätseinteilung aus?

H 3 b)

Wie hoch ist der Gesamtumsatz?

14. Lösungen

14.1 Lösungen zum Thema Uno Optimum

Lösung Aufgabe A

A 1 a)

Klasse	Preis	Umsatz
First	436 €	13.089 €
Superior	367 €	55.055 €
Tourist	159 €	31.856 €
Gesamt	**100.000** €	

A 1 b)

Preis	Umsatz
736 €	14.720 €
619 €	55.724 €
269 €	29.556 €
Gesamt	**100.000** €

Lösung A 2

A 2 a)

Klassen	Preis	Umsatz
First-Class	541,34 €	5.413,44 €
Business-Class	303,39 €	30.339,08 €
Economy-Class	214,16 €	64.247,47 €
Gesamt		100.000 €

A 2 b)

Die allgemeine Preiserhöhung liegt bei 43%.

Lösung A 3

A 3 a)

Klassen	Preis	Umsatz
First-Class	2.165,38 €	21.653,78 €
Business-Class	1.213,56 €	121.356,34 €
Economy-Class	856,63 €	256.989,89 €
Gesamt		400.000,00 €

A 3 b)

Preis	Umsatz
4.267,79 €	38.410,13 €
2.391,84 €	23.918,40 €
1.688,36 €	337.671,47 €
Gesamt	400.000,00 €

Die Preiserhöhung entspricht 97,03% und liegt im rechtlichen Rahmen.

Lösung A 4

A 4 a)

Klasse	Preis	Umsatz
First-Class	2.066,12 €	10.330,58 €
Business-Class	1.074,38 €	10.743,80 €
Economy-Class	723,14 €	28.925,62 €
Gesamt		50.000,00 €

Der First-Class-Preis beträgt bei einer vollen Gesamtauslastung 2.066,12 Euro.

A 4 b)

Klasse	Preis	Umsatz
First-Class	2.538,07 €	10.152,28 €
Business-Class	1.319,80 €	13.197,97 €
Economy-Class	888,32 €	26.649,75 €
Gesamt		50.000,00 €

Der First-Class-Preis beträgt 2.538,07 Euro bei nicht erreichter Gesamtauslastung.

A 4 c)

Die Preiserhöhung aller Klassen beträgt 22,83%.

Lösung A 5

Klasse	Passagiere
First	20,30%
Standard	51,60%
Tourism	28,10%
Gesamt	100,00%

A 5 a)

Die Standardklasse erwirtschaftet den höchsten Umsatz. Dieser entspricht 51,6% vom Gesamtumsatz.

Lösung A 6

A 6 a)

Tour	Preis	Umsatz
Luxus Nature Tour	16.406,25 €	164.062,50 €
Superior Nature Tour	8.906,25 €	133.593,75 €
Tourist Safari Tour	5.497,15 €	302.343,75 €
Gesamt		600.000 €

Lösung A 7

A 7 a)

Optimale Preisgestaltung bei voller Auslastung.

Klasse	Preis	Umsatz
First-Class	2.777,78 €	138.888,89 €
Business-Class	2.222,22 €	222.222,22 €
Economy-Class	925,93 €	138.888,89 €
Gesamt	**500.000,00 €**	500.000,00 €

Optimale Preisgestaltung bei nicht erreichter Auslastung.

Preis	Umsatz
3.480,28 €	104.408,35 €
2.784,22 €	222.737,82 €
1.160,09 €	172.853,83 €
Gesamt	500.000,00 €

Die Differenz beträgt 702,50 Euro.

14.2 Lösungen zum Thema Duo Optimum

Lösung B 1

B 1 a)

Preise	First	Tourism	Low-Budget
Tarif 1	3.773,5 €	738,6 €	415,2 €
Tarif 2	3.369,3 €	536 €	433,8 €
Tarif 3	3.369,1 €	536,8 €	434,0 €
Tarif 4	3368,8 €	536,6 €	434,2 €

Umsatz	First	Tourism	Low-Budget
Tarif 1	566.030 €	1.107.970 €	1.245.588 €
Tarif 2	25.269 €	804 €	4.555 €
Tarif 3	20.214 €	4.026 €	3.906 €
Tarif 4	15.160 €	3.220 €	3.257 €

B 1 b)

Umsatz in Prozent	First	Tourism	Low-Budget
Tarif 1	18,87	36,93	41,52
Tarif 2	0,84	0,03	0,15
Tarif 3	0,67	0,13	0,13
Tarif 4	0,51	0,11	0,11

Tarif 1 Low Budget erzeugt den höchsten Umsatz in Prozent.

B 1 c)

Tarife	First	Business	Economy
Tarif 1	5.170 €	1.012 €	569 €
Tarif 2	4.616 €	734 €	594 €
Tarif 3	4.616 €	735 €	595 €
Tarif 4	4.616 €	735 €	595 €

Lösung Aufgabe B 2

B 2 a)

Die optimale Preisgestaltung

Tarife	First	Tourism	Low-Budget
Tarif 1	3.184,0 €	792,3 €	674,6 €
Tarif 2	2.954,9 €	718,4 €	684,0 €
Tarif 3	2.952,5 €	669,1 €	688,8 €
Tarif 4	2.947,5 €	619,8 €	693,7 €

Umsatz in Prozent	First	Tourism	Low-Budget
Tarif 1	10,6	23,8	22,5
Tarif 2	5,9	14,4	1,6
Tarif 3	3,9	8,9	1,4
Tarif 4	2,0	4,1	0,9

Umsatz	First	Tourism	Low-Budget
Tarif 1	31.839,90 €	71.303,20 €	67.463,20 €
Tarif 2	17.729,60 €	43.102,00 €	4.788,30 €
Tarif 3	11.809,90 €	26.764,20 €	4.133,00 €
Tarif 4	5.895,10 €	12.396,90 €	2.774,70 €

B 2 b)

Tarif 4 der Tourism-Class weist den günstigsten Preis auf.

B 2 c)

Tarif 1 der Tourism-Class erzeugt den meisten Umsatz.

B 3 a)

Preise	First-Class	Business-Class	Economy-Class
Tarif 1	3.081 €	1.257 €	771 €
Tarif 2	2.507 €	959 €	813 €
Tarif 3	2.492 €	974 €	816 €
Tarif 4	2.483 €	980 €	819 €

B 3 b)

Umsatz in Prozent	First-Class	Business-Class	Economy-Class
Tarif 1	15,4	31,4	38,6
Tarif 2	3,1	0,2	2
Tarif 3	2,5	1,5	1
Tarif 4	1,9	2	0,4

Lösung B 4

B 4 a)

Preise	First-Class	Business-Class	Economy-Class
Tarif 1	3.602,00 €	1.448,26 €	951,26 €
Tarif 2	2.810,46 €	1.191,89 €	996,44 €
Tarif 3	2.807,25 €	1.172,66 €	999,57 €
Tarif 4	2.804,05 €	1.169,46 €	1.002,72 €

Umsatz	First-Class	Business-Class	Economy-Class
Tarif 1	72.039,91 €	130.343,16 €	237.814,44 €
Tarif 2	14.052,28 €	11.918,88 €	2.989,32 €
Tarif 3	11.229,00 €	4.690,64 €	1.999,14 €
Tarif 4	8.412,14 €	3.508,37 €	1.002,72 €

Umsatz in Prozent	First-Class	Business-Class	Economy-Class
Tarif 1	14,4	26,1	47,6
Tarif 2	2,8	2,4	0,6
Tarif 3	2,2	0,9	0,4
Tarif 4	1,7	0,7	0,2

Der Tarif 1 der First-Class beträgt 14,4% am gesamten Umsatzanteil.

Lösung B 5

B 5 a)

Preise	First-Class	Business-Class	Economy-Class
Tarif 1	4.230,73 €	1.477,19 €	1.081,35 €
Tarif 2	3.472,15 €	1.415,76 €	1.093,20 €
Tarif 3	3.469,08 €	1.206,92 €	1.096,20 €
Tarif 4	3.466,01 €	1.203,85 €	1.105,27 €

Umsatz	First-Class	Business-Class	Economy-Class
Tarif 1	42.307,34 €	132.946,78 €	270.337,23 €
Tarif 2	20.832,90 €	99.103,38 €	3.279,60 €
Tarif 3	17.345,39 €	2.413,84 €	2.192,39 €
Tarif 4	6.932,02 €	1.203,85 €	1.105,27 €

14.3 Lösungen zum (H+P) Financial Tourism Modell

Lösung C 1

C 1 a)

Monat	Nettorate	Restschuld	Grundgebühr
1	1.035,60 €	6.964,40 €	800,00 €
2	901,54 €	6.062,87 €	800,00 €
3	784,83 €	5.278,03 €	800,00 €
4	683,24 €	4.594,79 €	800,00 €
5	594,79 €	4.000,00 €	800,00 €
Gesamt	4.000,00 €		4.000,00 €

Lösung C 2

C 2 a)

Monat	Nettorate	Restschuld	Grundgebühr
1	1.553,39 €	10.446,61 €	1.200,00 €
2	1.352,31 €	9.094,30 €	1.200,00 €
3	1.177,25 €	7.917,05 €	1.200,00 €
4	1.024,86 €	6.892,19 €	1.200,00 €
5	892,19 €	6.000,00 €	1.200,00 €
Gesamt	6.000,00 €		6.000,00 €

Lösung C 3

C 3 a)

Monat	Nettorate	Restschuld	Grundgebühr
1	1.294,49 €	8.705,51 €	1.000,00 €
2	1.126,92 €	7.578,58 €	1.000,00 €
3	981,04 €	6.597,54 €	1.000,00 €
4	854,05 €	5.743,49 €	1.000,00 €
5	743,49 €	5.000,00 €	1.000,00 €
Gesamt	5.000,00 €		5.000,00 €

14.4 Lösungen zur (H+P) Break-Even-Analyse

D 1 a)

Strecke	Nummer	Preise	Passagiere
Frankfurt-Köln	1	100 €	469
Frankfurt-Kassel	2	300 €	313
Frankfurt-Hannover	3	500 €	469
Frankfurt-Hamburg	4	200 €	625
Gesamt			1875

D 1 b)

Nummer	Strecke	Preise	Passagiere
2	Frankfurt-Kassel	300 €	200
3	Frankfurt-Hannover	500 €	300
4	Frankfurt-Hamburg	200 €	400

Strecke	Preise	Passagiere	Umsatz
Frankfurt-Köln	100 €	2.100	210.000 €
Frankfurt-Kassel	300 €	200	60.000 €
Frankfurt-Hannover	500 €	300	150.000 €
Frankfurt-Hamburg	200 €	400	80.000 €
Gesamt		3.000	500.000 €

Lösung D 2

Strecke	Nummer	Preise	Passagiere
Southampton-New York	1	350 €	1.332
Southampton-Mombasa	2	450 €	1.466
Southampton-Istanbul	3	250 €	1.865
Southampton-Palma	4	340 €	1.199
Gesamt			5.863

D 2 a)

Ab einer Passagiermenge von 5.863 ist der Break-Even-Point erreicht.

Lösung D 3

D 3 a)

Strecke	Nummer	Preise	Passagiere
Tanger-Kapstadt	1	2.500 €	112
Kairo-Pretoria	2	2.000 €	225
Casablanca-Nairobi	3	1.500 €	337
Windhuk-Monrovia	4	1.700 €	449
Gesamt			1124

Die Nachfrage in allen Strecken muss genau um 12,36 % steigen.

Lösung D 4

Strecke	Nummer	Preise	Passagiere
Deutschland	1	150 €	164
Frankreich	2	200 €	328
Polen	3	300 €	492
Italien	4	400 €	656
Gesamt			1639

D 4 a)

Die Break-Even-Passagiermenge beträgt 1.639.

D 4 b)

Der Preisanstieg von 5% bewirkt eine Reduzierung der Break-Even- Passagiermenge um 78.

Strecke	Nummer	Preise	Passagiere
Deutschland	1	158 €	156
Frankreich	2	210 €	312
Polen	3	315 €	468
Italien	4	420 €	625
Gesamt			1561

D 4 c)

Diese Situation verfälscht die Break-Even-Menge. Eine gute Strategie wäre es, herauszufinden, wie die Nachfrage bei einem höheren Preis reagieren würde, was allerdings nicht möglich ist. Als Basiskalkulation ist es sinnvoll, die aktuellen Preise um 5% zu reduzieren, damit sich die Break-Even-Menge erhöht.

Nummer	Preise	Passagiere	Umsatz
1	143 €	173	24.590 €
2	190 €	345	65.574 €
3	285 €	518	147.541 €
4	380 €	690	262.295 €
Gesamt		1726	500.000 €

Ein Zuschlag von 5% sollte auf die aktuellen Preise aufberechnet und eine Break-Even-Passagiermenge von 1.726 als Ziel genommen werden.

Nummer	Preise	Preiserhöhung 5%	Passagiere
1	150 €	158 €	173
2	200 €	210 €	345
3	300 €	315 €	518
4	400 €	420 €	690
Gesamt			1.726

552.668 €-500.000 € = 52.668 €

Das Ergebnis zeigt, dass die Preise um 5% steigen können, bevor der Reiseveranstalter die Break-Even-Passagiermenge verfehlen würde.

14.5 Lösungen zum (H+P) Degressive and Dynamic Pricing

Lösung E 1

E 1 a)

Preis	Umsatz
567 €	1.547 €
588 €	3.208 €
621 €	5.078 €
666 €	7.271 €
728 €	9.927 €
809 €	13.231 €
913 €	17.429 €
1.048 €	22.859 €
1.222 €	29.986 €
1.447 €	39.465 €
Summe	150.000,00 €

Lösung E 2

E 2 a)

Preis	Umsatz
851 €	1.547 €
882 €	3.208 €
931 €	5.078 €
1.000 €	7.271 €
1.092 €	9.927 €
1.213 €	13.231 €
1.369 €	17.429 €
1.572 €	22.859 €
1.832 €	29.986 €
2.171 €	39.465 €
Summe	150.000,00 €

E 2 b)

Preisspanne absolut	1.320 €
Preispanne relativ	155,13%

Lösung E 3

E 3 a)

Preis	Umsatz
426 €	1.548 €
441 €	3.210 €
466 €	5.082 €
500 €	7.275 €
546 €	9.931 €
607 €	13.235 €
685 €	17.432 €
786 €	22.859 €
916 €	29.980 €
1.085 €	39.448 €
Summe	150.000 €

Lösung F 1

F 1 a)

Periode	Skonto pro Person	Planverkaufs-preis	Zielverkaufs-preis	Operativer Teilumsatz	Periode Einteilung
1	484 €	2.761 €	3.245 €	29.498 €	9
2	113 €	1.518 €	1.632 €	29.670 €	18
3	47 €	1.114 €	1.160 €	31.642 €	27
4	24 €	919 €	943 €	34.277 €	36
5	14 €	808 €	822 €	37.370 €	45
6	8 €	741 €	749 €	40.873 €	55
7	5 €	699 €	704 €	44.787 €	64
8	3 €	673 €	676 €	49.132 €	73
9	2 €	658 €	659 €	53.938 €	82
10	1 €	651 €	652 €	59.245 €	91
Summe	701 €			410.433 €	500

Periode	Einteilung	Zielverkaufspreis	Zielumsatz
1	9	593 €	5.389 €
2	18	618 €	11.233 €
3	27	645 €	17.601 €
4	36	676 €	24.571 €
5	45	709 €	32.234 €
6	55	746 €	40.697 €
7	64	787 €	50.085 €
8	73	832 €	60.545 €
9	82	883 €	72.248 €
10	91	939 €	85.397 €
Summe	500	7.429 €	400.000 €

F 1 b)

Der Gesamtumsatz nach der 1. Preisoptimierung beträgt exakt 265.042 Euro.

Lösung F 2

F 2 a)

Periode	Einteilung	Zielverkaufspreis	Zielumsatz
1	11	793 €	8.648 €
2	22	818 €	17.843 €
3	33	845 €	27.667 €
4	44	876 €	38.212 €
5	55	909 €	49.590 €
6	65	946 €	61.927 €
7	76	987 €	75.375 €
8	87	1.032 €	90.108 €
9	98	1.083 €	106.334 €
10	109	1.139 €	124.295 €
Summe	600	9.429 €	600.000 €

F 2 b)

Relative Preisspanne	44%
Preisspanne	347 €

Lösung F 3

F 3 a)

Periode	Skonto pro Person	Planverkaufs-preis	Zielverkaufs-preis	Operativer Teilumsatz	Periode Einteilung
1	48 €	2.103 €	2.151 €	9.778 €	5
2	11 €	1.062 €	1.073 €	9.753 €	9
3	4 €	715 €	719 €	9.810 €	14
4	2 €	542 €	544 €	9.887 €	18
5	1 €	438 €	439 €	9.973 €	23
6	1 €	368 €	369 €	10.065 €	27
7	0 €	319 €	319 €	10.159 €	32
8	0 €	282 €	282 €	10.256 €	36
9	0 €	253 €	253 €	10.355 €	41
10	0 €	230 €	230 €	10.456 €	45
Summe	69 €			100.492 €	250

Periode	Einteilung	Zielverkaufspreis	Zielumsatz
1	5	262 €	1.190 €
2	9	279 €	2.532 €
3	14	297 €	4.049 €
4	18	317 €	5.766 €
5	23	339 €	7.714 €
6	27	364 €	9.929 €
7	32	391 €	12.453 €
8	36	422 €	15.333 €
9	41	455 €	18.628 €
10	45	493 €	22.405 €
Summe	250	3.619 €	100.000 €

Lösung G 1

G 1 a)

Zeitraum	Preise	Relative Preissteigerung
1	5.387 €	-
2	5.813 €	8%
3	6.289 €	8%
4	6.832 €	9%
5	7.460 €	9%
6	8.197 €	10%
7	9.073 €	11%
8	10.127 €	12%
9	11.408 €	13%
10	12.982 €	14%

G 1 b)

Absolute Preisspanne	7.982 €
Relative Preisspanne	38,51%
Durchschnittliche Preisspanne	1.521 €
Relative durchschnittliche Preisspanne	9,84%

G 1 c)

Periode	Preis	Einteilung	Umsatz
1	5.387 €	200	1.077.456 €
2	5.813 €	200	1.162.580 €
3	6.289 €	200	1.257.884 €
4	6.832 €	200	1.366.429 €
5	7.460 €	200	1.492.008 €
Gesamt	-	1000	6.356.357 €

Der Gesamtumsatz beträgt 6.356.357 Euro.

G 1 d)

Case/Tage	1 Nacht	2 Nächte	3 Nächte
Worst-Case	1.077.456 €	2.154.912 €	3.232.368 €
Medium-Case	6.356.357 €	12.712.714 €	19.069.071 €
Best-Case	1.492.008 €	2.984.015 €	4.476.023 €
Mittelwert	2.975.274 €	5.950.547 €	8.925.821 €

Lösung G 2

G 2 a)

Zeitraum	Preise	Relative Preissteigerung
1	506 €	-
2	569 €	13%
3	644 €	13%
4	732 €	14%
5	839 €	15%
6	969 €	15%
7	1.129 €	17%
8	1.330 €	18%
9	1.584 €	19%
10	1.907 €	20%

Die durchschnittliche relative Preissteigerung liegt bei 16%.

G 2 b)

Absolute Preisspanne	1.457 €
Relative Preisspanne	23,60%
Durchschnittliche Preisspanne	229 €
Relative durchschnittliche Preisspanne	15,34%

G 2 c)

Case/Tage	7 Nächte	14 Nächte	21 Nächte
Worst-Case	13.147 €	184.062 €	276.093 €
Medium-Case	85.543 €	1.197.602 €	25.149.650 €
Best-Case	21.807 €	305.305 €	6.411.404 €
Mittelwert	40.166 €	562.323 €	10.612.382 €

Lösung G 3

G 3 a)

Zeitraum	Preise	Relative Preissteigerung
1	560 €	-
2	629 €	12%
3	709 €	13%
4	804 €	13%
5	918 €	14%
6	1.057 €	15%
7	1.228 €	16%
8	1.441 €	17%
9	1.710 €	19%
10	2.052 €	20%

G 3 b)

Periode	Preis	Einteilung	Umsatz
1	560 €	40	22.411 €
2	629 €	40	25.166 €
3	709 €	40	28.374 €
4	804 €	40	32.170 €
5	918 €	40	36.729 €
Gesamt	-	200	144.850 €

14.6 Lösungen zum (H+P) Revenue and Capacity Optimisation

Lösung H 1

H 1 a)

Buchungsklasse	Nachfragerzuteilung	Kapazitätsrang	Preise	Zeitlicher Preis Rang	Tageseinteilung
1	10	6	**121 €**	6	39
2	10	4	**110 €**	4	26
3	11	7	**210 €**	7	46
4	9	2	**60 €**	2	13
5	9	1	**50 €**	1	7
6	10	3	**80 €**	3	20
7	11	8	**250 €**	8	52
8	11	9	**340 €**	9	59
9	29	10	**430 €**	10	65
10	10	5	**111 €**	5	33
Gesamt	120			55	360

H 1 b)

Buchungsklasse	Umsatz	Relativ
1	1.201 €	4,50%
2	1.080 €	4,05%
3	2.241 €	8,40%
4	556 €	2,09%
5	457 €	1,72%
6	760 €	2,85%
7	2.737 €	10,26%
8	3.904 €	14,64%
9	12.647 €	**47,41%**
10	1.091 €	4,09%
Gesamt	**26.674 €**	

H 1 c)

Buchungsklasse 9 erwirtschaftet den höchsten Umsatz mit 47,41%.

Lösung H 2

H 2 a)

Buchungsklasse	Nachfragerzuteilung	Kapazitätsrang	Preise	Zeitlicher Preis Rang	Tageseinteilung
1	17	4	1.201 €	4	4
2	17	5	1.215 €	5	5
3	44	10	3.291 €	10	9
4	18	8	1.500 €	8	7
5	17	2	600 €	2	2
6	17	1	500 €	1	1
7	18	9	1.900 €	9	8
8	17	7	1.400 €	7	6
9	17	6	1.300 €	6	5
10	17	3	1.100 €	3	3
Gesamt	200			55	50

H 2 b)

Buchungsklasse	Umsatz	Relativ
1	20.804 €	6,25%
2	21.060 €	6,33%
3	146.057 €	43,91%
4	26.334 €	7,92%
5	10.065 €	3,03%
6	8.336 €	2,51%
7	33.893 €	10,19%
8	24.473 €	7,36%
9	22.623 €	6,80%
10	18.962 €	5,70%
Gesamt	**332.608 €**	

Lösung H 3

H 3 a)

Buchungsklasse	Nachfragerzuteilung	Kapazitätsrang	Preise	Zeitlicher Preis Rang	Tageseinteilung
1	35	7	1.500 €	7	19
2	35	6	1.450 €	6	16
3	34	5	1.200 €	5	14
4	33	2	1.000 €	2	5
5	34	4	1.100 €	4	11
6	34	3	1.050 €	3	8
7	33	1	899 €	1	3
8	91	10	3.021 €	10	27
9	36	9	1.900 €	9	25
10	36	8	1.800 €	8	22
Gesamt	400			55	150

H 3 b)

Buchungsklasse	Umsatz	Relativ
1	52.266 €	7,61%
2	50.329 €	7,33%
3	40.795 €	5,94%
4	33.368 €	4,86%
5	37.058 €	5,39%
6	35.206 €	5,12%
7	29.692 €	4,32%
8	276.138 €	40,19%
9	68.081 €	9,91%
10	64.077 €	9,33%
Gesamt	**687.009 €**	

15. Index

ibidem-Verlag
Melchiorstr. 15
D-70439 Stuttgart
info@ibidem-verlag.de

www.ibidem-verlag.de
www.ibidem.eu
www.edition-noema.de
www.autorenbetreuung.de

www.ingramcontent.com/pod-product-compliance
Ingram Content Group UK Ltd.
Pitfield, Milton Keynes, MK11 3LW, UK
UKHW040025200726
13854UKWH00001B/374